AF488039

কর্ম যোগ

কর্ম যোগ

সংকলন ও গবেষণা

দেবীপ্রসাদ পাল

নোশন্ প্রেস

চেন্নাই, ইন্ডিয়া

SELF PUBLISHED BY AUTHOR

From

Notion Press Media Pvt Ltd,

 #7, Red Cross Road,

 Egmore, Chennai- 600008

Tamil Nadu, India.

Email ID: publish@notionpress.com

First Edition: 03 July, 2024

 Second Edition: 15 August, 2024

ISBN: 979-889475478-9

Books available at: Amazon, Flipkart, Notion press, Author.

Author's Contact no: (+91)702-999-5996 (Whatsapp only).

উৎসর্গ

বাবাকে

“আমার বাবার মতো বাবা ক’জনের হয়!”

নিবেদন

'যোগঃ কর্মসু কৌশলম্' যোগ হলো কর্মের কৌশল। কর্ম কিরূপে করিতে হয় জানিলে সফলতা পাইবার সম্ভাবনাও বেশি হয়। এই কর্মযোগ মনুষ্যত্ব লাভের সাধন। নিঃস্বার্থভাবে কাজ করাই হলো কর্মযোগ। নিঃস্বার্থতা মানুষকে মহৎ করে। একজন মহৎ ব্যক্তি এবং একজন মন্দ ব্যক্তি এর মধ্যে তফাৎ নিঃস্বার্থতায়। মহৎ ব্যক্তি অধিক নিঃস্বার্থ, মন্দ ব্যক্তি নির্মমভাবে স্বার্থপর। এই নিঃস্বার্থতা অভ্যাস করিতে হয়। একটু একটু করিয়া অভ্যাস করিতে হয়। একদিনে হঠাৎ করিয়া কেহ নিঃস্বার্থ হইয়া উঠিতে পারে না। এই নিঃস্বার্থতা কি এবং কিরূপে তিলে তিলে এটি অভ্যাস করিতে হয় সেই সমন্ধে এই পুস্তকে আলোচনা করা হইয়াছে। রবীন্দ্রনাথ ঠাকুর যখন নোবেল প্রাইজ পাইয়াছিলেন সেই নোবেল প্রাইজের সমস্ত টাকা শান্তিনিকেতনে ব্রহ্মচর্য্য বিদ্যালয় তৈরিতে দান করিয়াছিলেন। ক্ষুদিরাম বসু নিজের কথা না ভাবিয়া ফাঁসির মঞ্চে চড়িয়াছিলেন। সুভাষচন্দ্র বসু নিজের জীবনের সমস্ত কিছু পরিত্যাগ করিয়া দেশমাতৃকার স্বাধীনতার জন্য আত্মোৎসর্গ করিয়া ছিলেন। পৃথিবীর মানুষ এঁদের মহৎ মানুষ বলে জানেন। কিন্তু কিসের জন্য এঁরা মহৎ? নিঃস্বার্থ মানসিকতা ও নিঃস্বার্থভাবে কাজ এর জন্য। আমরা অনেক সময় অপরের জন্য এতটুকু মাত্র কাজ করিতে হইলে বিরক্ত হই।

মহৎ হইতে হইলে এ ভাব আমাদের ত্যাগ করিতে হইবে। আমরা যতটুকু নিঃস্বার্থ হইব ততটুকুই মহৎ হইব। আমাদেরকে মানুষ হইতে হইলে নিঃস্বার্থভাব অভ্যাস করিতে হইবে। অপরদিকে কেহ নিঃস্বার্থ হইলে অন্য সকলে তাহাকে বিভিন্ন ভাবে নিস্পেষিত করিয়া, নিজেদের স্বার্থসিদ্ধি করিয়া থাকে। এটিও একটি ব্যাধি। ইহাদের হাত থেকেও বাঁচিতে হইবে। কারন এইরূপ যন্ত্রনা থেকে না বাঁচিলে কর্মযোগ অনুশীলন কে করিবে? প্রয়োজনে নিঃশব্দে কাজ করিতে হইবে। আবার যেকোনো সাধারন কাজকেও যেমন খাওয়া, ঘুমানো, স্কুল যাওয়া, অর্থ উপার্জনের জন্য কোনো কর্ম করাকেও যোগে পরিণত করা যাইতে পারে। ইহাই কর্মের কৌশল- 'কর্মসু কৌশলম্'। ভারতীয় দার্শনিকগণ এইরূপই বলিয়া থাকেন। যাহাই হোক গঙ্গাজলে গঙ্গাপূজার ন্যায় মহাপুরুষদের কর্মযোগ সম্পর্কে এই সমস্ত কথার ব্যাখ্যা তাঁহাদেরই কথা ও উপদেশ সহায়ে বিস্তারিত ভাবে এই পুস্তক জুড়ে বুঝিব; পাঠক বর্গকেও ইহা আস্বাদন করিবার জন্য আহ্বান করিব।

03 July 2024   গ্রন্থকার

ভূমিকা

গবেষণা শব্দটিকে সন্ধি বিচ্ছেদ করিলে হয় গো+ এষণা। এষণা শব্দটির অর্থ হইল খোঁজা। গো শব্দটির একটি অর্থ হল গরু। অর্থাৎ তাহাই বলিয়া গবেষণা শব্দটির অর্থ গরু খোঁজা নহে। গো শব্দের অপর একটি অর্থ আছে সেটি হল জ্ঞান অর্থাৎ গবেষণা শব্দটির অর্থ হইল জ্ঞান অন্বেষণ। এখানে কোথাও বলা নেই, শুধুমাত্র নূতন জ্ঞান অন্বেষণ এর কথা। যে সমস্ত জ্ঞান, যে সমস্ত সত্য পূর্বে মনুষ্যদ্বারা আবিষ্কৃত হইয়াছে তাহা আজ যদি কোন সদ্যোজাত নিজের জীবনে উপলব্ধি করিয়া থাকে তবে সেটিকেও তাঁহার জীবনে আবিষ্কার বলিতে হইবে। এরকমই কর্মযোগ সম্পর্কে বিভিন্ন মহাজীবনের অসংখ্য উপলব্ধির কথা এই পুস্তকে সংকলিত করা হইয়াছে যেগুলি আমরা পাঠ ও অনুধ্যান করিলে কর্মযোগ কী এবং কিভাবে তা আমাদের দৈনন্দিন জীবনে প্রয়োগ করিতে পারি তা সহজেই বুঝিতে পারিব।

ফুল আমরা সৃষ্টি করিতে পারি না, কিন্তু ফুল গাছ লাগাইতে তো পারি। একটি পুষ্প উদ্যান হইতে বিভিন্ন পুষ্প চয়ন করিয়া মনের মত একখানি মালা গাঁথিতেও পারি। এটির মধ্যে একটি আনন্দ আছে। ঠিক

সেই রকম আমাদের সুবিশাল ভারতীয় দর্শন শাস্ত্র হইতে বিভিন্ন জ্ঞানরূপ পুষ্প চয়ন করিয়া মনের মত একখানি পুষ্পস্তবক তৈরী করিয়া পাঠককে অর্পণ করিলাম।

আমরা যে কেহ এই পুস্তকে উল্লিখিত মহাজনবানী অনুসরণ, অনুশীলন বা তদনুযায়ী জীবন যাপন করিয়া আমাদের নিজের নিজের দৈনন্দিন জীবনকে পূর্বের থেকে কিঞ্চিৎ উন্নত করিতে পারিলে আমরা ধন্য হইব। পরীক্ষা করেই দেখা যাক! এই পুস্তকে লেখকের সামান্য কিছু নিজস্ব কথা আছে, সেগুলি যদি ভুল হয় তাহলে আমি ক্ষমাপ্রার্থী।

মঙ্গলময় আমাদের মঙ্গল করুন। যদ্ ভদ্রং তন্ন আসুব।

লেখক

সূচীপত্র

তৃতীয় অধ্যায়

প্রথম অধ্যায়

কর্ম কী?

কর্ম কয় প্রকার ও কি কি?

সকাম কর্ম, নিষ্কাম কর্ম ও নৈষ্কর্ম্য

জীবনে কর্মের প্রভাব

পাপ ও পুন্য

কর্মযোগ কী?

কর্মযোগ বা প্রেমযোগ ও অবিরত অপরের মঙ্গলচিন্তা

প্র্যাক্টিক্যাল বেদান্ত

সেবা ও পরোপকার

কর্ম কী?

"কর্ম বাত্মনঃশরীর প্রবৃত্তিঃ।---- চরক সংহিতা।

বাক্য, মন ও শরীরের চেষ্টার নাম কর্ম।

কর্ম শব্দটি সংস্কৃত 'কৃ'-ধাতু হইতে নিষ্পন্ন; 'কৃ'-ধাতুর অর্থ 'করা'; যাহা কিছু করা হয়, তাহাই কর্ম। স্বামী বিবেকানন্দ বলিয়াছেন 'যে-কোন কার্য বা যে-কোন চিন্তা কোন কিছু ফল উৎপন্ন করে, তাহাকেই 'কর্ম' বলে।'

'যদি আমরা ধীরভাবে নিজেদের অন্তঃকরণ অধ্যয়ন করি, তবে দেখিব, আমাদের হাসি-কান্না, সুখ-দুঃখ, আশীর্বাদ-অভিসম্পাত, নিন্দা-সুখ্যাতি সবই আমাদের মনের উপর বহির্জগতের বিভিন্ন আঘাতের দ্বারা আমাদের ভিতর হইতেই উৎপন্ন। উহাদের ফলেই আমাদের বর্তমান চরিত্র গঠিত, এই আঘাত-সমষ্টিকেই বলে কর্ম। আত্মার অভ্যন্তরস্থ অগ্নিকে বাহির করিবার জন্য, উহার নিজ শক্তি ও জ্ঞান প্রকাশের জন্য যে-কোন মানসিক বা দৈহিক আঘাত প্রদত্ত হয়, তাহাই কর্ম, 'কর্ম' অবশ্য এখানে উহার ব্যাপকতম অর্থে ব্যবহৃত। অতএব আমরা সর্বদাই কর্ম করিতেছি। আমি কথা বলিতেছি-- ইহা

কর্ম। তোমরা শুনিতেছ---তাহাও কর্ম। আমরা শ্বাস-প্রশ্বাস ফেলিতেছি---ইহা কর্ম, বেড়াইতেছি---কর্ম, কথা কহিতেছি---কর্ম,

শারীরিক বা মানসিক যাহা কিছু আমরা করি, সবই কর্ম। কর্ম আমাদের উপর উহার ছাপ রাখিয়া যাইতেছে।'

"একজন নির্বোধ জগতের সকল পুস্তক ক্রয় করিতে পারে, কিন্তু সেগুলি তাহার পুস্তকাগারে পড়িয়া থাকিবে মাত্র, সে যেগুলি পড়িবার উপযুক্ত, শুধু সেগুলিই পড়িতে পারিবে, এবং এই যোগ্যতা কর্ম হইতে উৎপন্ন। আমরা কিসের অধিকারী বা আমরা কি আয়ত্ত করিতে পারি, আমাদের কর্মই তাহা নিরূপণ করে।"

"তোমাদের স্মরণ রাখা উচিত, সকল কর্মের উদ্দেশ্য-মনের ভিতরে পূর্ব হইতে যে শক্তি রহিয়াছে তাহা প্রকাশ করা, আত্মাকে জাগাইয়া তোলা। প্রত্যেক মানুষের ভিতরে এই শক্তি আছে এবং জ্ঞানও আছে। এই-সকল বিভিন্ন কর্ম যেন ঐ শক্তি ও জ্ঞানকে বাহিরে প্রকাশ করিবার, ঐ মহাশক্তিগুলিকে জাগ্রত করিবার আঘাত স্বরূপ।"

কর্ম কয় প্রকার ও কি কি?

চার প্রকার কর্ম। নিত্য, নৈমিত্তিক, কাম্য ও নিষিদ্ধ।

আমি কর্তা, আমি ভোক্তা এতদ্রূপ অহঙ্কাররূপ যে বন্ধনের কারণ, জন্ম ও মৃত্যুর যে কারণ এবং নিত্য-নৈমিত্তিক যাগ, ব্রত, তপস্যা ও দান ইত্যাদি যেকোনো ঘটনা, যা ফল সৃষ্টি করে এবং যা জীবন্ত জীব দ্বারা অনুষ্ঠিত তাহারই নাম কর্ম। এখন কর্মকাণ্ড বলিলে যে কর্তব্যাকর্তব্য সকলপ্রকার কর্মকে বুঝাইবে তাহা নহে, কেবল ইষ্টদায়ক অর্থাৎ মঙ্গলকর কর্মকেই বুঝাইবে। যে-সকল কার্যের দ্বারা ইহলোকের হিতসাধন হয়, তাহারই নাম কর্মকাণ্ড।

এক্ষণে দেখিতে হইবে যে, সে কর্ম কি কি এবং কিরূপেই বা তাহার নির্বাচন করা হইয়াছে। শাস্ত্রকারগণ বলেন-

বেদাদিবিহিতং কর্ম লোকানামিষ্টদায়কম্।

তদ্বিরুদ্ধং ভবেত্তেষাং সর্বদানিষ্টদায়কম্।।

-বেদ, পুরাণ, তন্ত্র ইত্যাদি শাস্ত্রে নির্দিষ্ট যে সকল কর্ম, তাহাই মানবদিগের পক্ষে ইষ্টদায়ক এবং তাহার বিপরীত যে সকল কর্ম তাহাই অনিষ্টদায়ক।

বেদাদি শাস্ত্রবিহিত কর্ম ত্রিবিধ, নিত্যকর্ম, নৈমিত্তিক কর্ম এবং কাম্যকর্ম।

-তত্ত্ববিচার যে কর্মের অকরণে প্রত্যবায় জন্মে, তাহাকেই নিত্যকর্ম বলা যায়, যথা প্রাতঃকৃত্য, প্রাতঃসন্ধ্যা, পিতৃশ্রাদ্ধ এবং পিতৃতর্পণ ইত্যাদি। পঞ্চযজ্ঞাশ্রিত (ব্রহ্ম- যজ্ঞ, পিতৃ-যজ্ঞ, দেব-যজ্ঞ, ভূত-যজ্ঞ ও নৃ-যজ্ঞ) কর্মকে নিত্যকর্ম বলা যায়। অর্থাৎ যাহা প্রত্যহই করিতে হইবে, তাহাই নিত্যকর্ম। (প্রত্যহ প্রাতঃকাল হইতে সন্ধ্যাকাল পর্যন্ত একজন ব্যক্তিকে পদ্ধতিক্রমে যে ঐহিক এবং পারমার্থিক বিষয়ের কর্মানুষ্ঠান করিতে হয়, তাহার নাম নিত্যকর্ম।।

নিত্যকর্মগুলি প্রকৃষ্টরূপে সম্পন্ন করিবার জন্য সাময়িক নিয়মে আবদ্ধ করা হইয়াছে অর্থাৎ কোন্ সময়ে কি কার্য করিতে হইবে, তাহার ব্যবস্থা দেওয়া হইয়াছে। প্রাতঃকাল হইতে সন্ধ্যা পর্যন্ত চারি প্রহর অথবা বার ঘণ্টাকাল ধৃত হইয়া থাকে। ঐ চারি প্রহর সময়কে অষ্টাংশে বিভক্ত করিলে প্রতি অংশ অর্ধপ্রহর অথবা দেড় 'ঘণ্টাকাল প্রাপ্ত হওয়া যায়। ঐ দেড় ঘণ্টা কালকে অর্ধযাম বলে। সমস্ত দিবসের মধ্যে অষ্ট অর্ধযাম প্রাপ্ত হওয়া যায়, এ কারণ যাবতীয় নিত্যকর্মগুলিকে আটভাগে বিভক্ত করিয়া এক-এক ভাগকে এক-এক যামার্ধের অন্তর্ভুক্ত করতঃ তাহার পদ্ধতি সন্নিবিষ্ট করা হইয়াছে। সূর্যোদয়ের পূর্বাহ্নে নিরূপিত সময়-মধ্যে যে সকল কর্ম করিতে হয়, তাহার নাম প্রাতঃকৃত্য বা ব্রাহ্মমুহূর্ত-কৃত্য। প্রাতঃকৃত্য সমাধানান্তর প্রতি যামার্ধের নিত্যকর্ম সম্পন্ন করিতে হয়।

মাসাদ্যবীজং যৎ কিঞ্চিদ্বীজং নৈমিত্তিকং মতম্।

বৃদ্ধিশ্রাদ্ধাদিজাতেষ্টিযাগকর্ম্মাদিকন্তথা।।

--স্মৃতি

-যে কর্ম্মের জন্য মাস-পক্ষাদি নির্দিষ্ট নাই, কিন্তু যাহা নিমিত্তাধীন, তাহাই নৈমিত্তিক কর্ম্ম। যথা-বৃদ্ধিশ্রাদ্ধ, জাতেষ্টিযাগ এবং গ্রহণজন্য দানাদি। নিমিত্তজন্য যে কর্ম্ম, তাহাই নৈমিত্তিক কর্ম্ম।

যৎকিঞ্চিৎ ফলমুদ্দিশ্য যজ্ঞদানজপাদিকম্।

ক্রিয়তে কায়িকং যচ্চ তৎ কাম্যং পরিকীর্ত্তিতম্।।

-স্মৃতি

-কামনাপূর্ব্বক অর্থাৎ কোনরূপ ফলের আশা করিয়া যে যজ্ঞ, দান এবং জপাদি কর্ম্ম সম্পন্ন করা হয়, তাহার নাম কাম্যকর্ম্ম। যাগযজ্ঞ, মহাদান, দেবতাদি-প্রতিষ্ঠা, জলাশয়-প্রতিষ্ঠা, বৃক্ষাদি-প্রতিষ্ঠা এবং ব্রতাদি-কর্ম্মানুষ্ঠান করাকে কাম্যকর্ম্ম বলে।

নিত্যকর্ম্ম প্রতিদিন করণীয়, নৈমিত্তিক কর্ম্ম নিমিত্তাধীন, সুতরাং উহা সময়বিশেষে কর্ত্তব্য; কাম্যকর্ম্ম ইচ্ছাধীন এবং এজন্য উহা ইচ্ছানুসারে কর্ত্তব্য।

নিত্য, নৈমিত্তিক ও কাম্য এই ত্রিবিধ কর্ম্মমধ্যে নিত্যকর্ম্মই সকলের পক্ষে জ্ঞাতা। যেহেতু নিত্যকর্ম্ম জ্ঞাত না থাকিলে কেবল পশ্বাদির ন্যায় আহার-বিহার করা হয় মাত্র, এজন্য নিত্যকর্ম্মের অনুষ্ঠান উত্তমরূপে জ্ঞাত হওয়া আবশ্যক। নিত্যকর্ম্ম যথাবিধি সম্পন্ন করিতে

পারিলে ইহ-সংসারে যথাবিধি সুখী হইয়া অন্তে মোক্ষলাভ করিতে পারা যায়। যথা-

বেদোদিতং স্বকং কর্ম নিত্যং কুর্য্যাদতন্দ্রিতঃ।

তদ্ধি কুর্ব্বন যথাশক্তি প্রাপ্নোতি পরমাং গতিম্।।

-মনুসংহিতা, ৪ অধ্যায়।

- আলস্য পরিত্যাগ করিয়া প্রতিদিন বেদোক্ত আপন আপন আশ্রম-বিহিত সমুদয় কর্ম সম্পাদন করিবে। যেহেতু শক্তি-অনুসারে এই সমুদয় কর্ম করিলে পরমাগতি লাভ হইয়া থাকে।

অতএব দেখা যাইতেছে যে, সম্যকরূপে নিত্যকর্ম-বিধি জ্ঞাত হওয়া আবশ্যক। নিত্যকর্মী ব্যক্তিই সাধনকার্যে যোগ্যতা লাভ করিতে পারে, তদ্ব্যতীত অন্যের পক্ষে সাধন-কার্যে অগ্রসর হওয়া এক কথায় সাধ্যাতীত।

ধর্মজীবন যাপনে সঙ্কল্প গ্রহন করিয়া আত্মোন্নতির জন্য প্রতিদিন যে সকল কার্যের অনুষ্ঠান করিতে হয়, তাহাই নিত্যকর্ম। এই নিত্যকর্মকেই বৈধকর্ম বলা যায়। স্নান, পূজা, সন্ধ্যা- গায়ত্রী, স্তব-কবচ পাঠ, হোম প্রভৃতি সমস্ত কর্মকেই বৈধকর্ম বলা যাইতে পারে। মন্ত্র গ্রহণ করিয়া প্রত্যেক ব্যক্তির এই সকল বৈধকর্মের অনুষ্ঠান করা কর্তব্য। ইহাতে যোগাভ্যাস, চিত্তজয় ও আধ্যাত্মিক শক্তিলাভ হইয়া থাকে। শাক্ত, শৈব, বৈষ্ণব, গাণপত্য ও সৌর-সকল সাধকেরই বৈধকর্মের অনুষ্ঠান করিতে হয়। অনেকের ধারণা শ্রীকৃষ্ণাদিদেবতা-সাধকের কর্ম তান্ত্রিক নহে-তাঁহাদের ইহা ভুল। সমস্ত দেবতার দীক্ষাই তন্ত্রোক্ত, তবে কেবল রাগমার্গের ভজন তন্ত্রাতীত। যাঁহারা বিধিপূর্ব্বক

অর্থাৎ মন্ত্রাদিদ্বারা ইষ্টদেবতার ভজন করেন, তাঁহাদের সকলকেই তন্ত্রমতে তাহা সম্পাদন করিতে হয়।

অতএব প্রত্যেক ধর্ম- ঈপ্সিত ব্যক্তি প্রত্যহ বিধানানুযায়ী স্নান, পূজা, সন্ধ্যাহ্নিক প্রভৃতি নিত্যকর্মগুলি যথারীতি সম্পাদন করিবে। নিত্যকর্মের বিধান হিন্দুমাত্রেই জ্ঞাত আছে। তবে কোন আনুষ্ঠানিক, নিষ্ঠাবান্ হিন্দুর নিকট (ব্রহ্মচারী বা সন্ন্যাসী) জানিয়া লইলে ভাল হয়। সে বিস্তৃত বিষয়ে এই লেখকের দিব্যজীবন নামক গ্রন্থে বিস্তারিত ভাবে প্রকাশ করা হইবে। তবে সেগুলি যথারীতি সম্পাদন করা চাই। নিত্য-নৈমিত্তিক ক্রিয়াশীল না হইলে কাম্যকর্মে ফললাভ করা যায় না। বিশেষ সাধনও তাহার দ্বারা সম্ভবে না। অতএব সাধনাভিলাষী সাধকমাত্রেই নিত্য-নৈমিত্তিক ক্রিয়াগুলি সম্পাদন করিতে ভুলিবে না। নিত্য-নৈমিত্তিক ও কাম্যাদি কর্মসকল প্রকৃষ্টরূপে সম্পন্ন করিয়া আসিলে তবে কোনরূপ বিশেষ সাধনকার্যে অগ্রসর হইবার ক্ষমতা জন্মে। তখন যাহার মনে যেরূপ অভিলাষ, সে তদ্রূপ সাধনে প্রবৃত্ত হইতে পারে।

যাহার যাহা ইষ্ট, তাহার তদ্বিষয়েই সাধনা করা কর্তব্য। সাধনান্তে ইষ্টসিদ্ধি হইলে সাধক তখন সকল প্রকার সাধনকার্যই হস্তগত করিতে পারে।

প্রথমে বিভিন্ন ধর্ম শাস্ত্র পাঠ করিয়া নিত্য-নৈমিত্তিক ক্রিয়া সম্পর্কে যথেষ্ট জ্ঞান অর্জন করিবে ও যথাবিধি নিত্য অনুষ্ঠান অর্থাৎ নিত্যপূজা, হোম, তর্পণ, সন্ধ্যাহ্নিক, নানারূপ পুরশ্চরণ প্রভৃতি অনুষ্ঠান করিবে।এইভাবে ক্রমে সাধনকার্যে বিশেষরূপে দৃঢ়তা জন্মিবে।

আমাদের সকলকেই সর্বদা স্মরণ রাখিতে হইবে নিত্য-নৈমিত্তিক কর্মানুষ্ঠানকারী ব্যতীত অন্য কেহ সাধনায় সাফল্য লাভ

করিতে পারে না। আমাদের এই পুস্তকের আলোচ্য বিষয় কর্মযোগের সাফল্যও নিত্য- নৈমিত্তিক কর্মগুলির উওম রূপে অনুষ্ঠান সাপেক্ষে।

যে কর্মের অনুষ্ঠানের ফলে বর্তমানে বা ভবিষ্যতে বা উভয় ক্ষেত্রেই শারিরীক, মানসিক ও আধ্যাত্মিক ভাবে অথবা কোনো বিদ্যাচর্চার ক্ষেএ ক্ষতি হয়, তাহাই নিষিদ্ধ কর্ম।

আমাকে একদা আমার একজন ছাএ জিজ্ঞেস করিয়াছিল 'স্যার কোনটি ভালো কাজ ও কোনটি মন্দ কাজ বুঝিব কি করিয়া?' আমি বলিয়াছিলাম এর তিনটি উপায় আছে।

১) অপরের জীবন থেকে শিক্ষা গ্রহন করিতে হইবে।

২) নিজে পরীক্ষা করিয়া দেখিতে হইবে।

৩) মহাজন বানী।

যেমন একজন মদ্যপান করিয়া রাস্তার ধারে পড়িয়া আছে---- তাঁহাকে দেখো; সেই তোমার শিক্ষাদাতা। তাঁহার শরীর, মন, আধ্যাত্মিক অনুশীলন, বিদ্যা চর্চা সবই বিনাশ প্রাপ্ত হইতেছে। বলা বাহুল্য মদ্যপানে বিপদ আছে কি না পরীক্ষা করিতে যাওয়া ভুল। অপরের জীবনে মদ্যপানের বিষময় পরিণতি লক্ষ্য করিয়া শিক্ষা গ্রহন করিতে হইবে।

আবার প্রত্যহ ১ ঘণ্টা ধ্যান করিলে বা ২০ মিনিট ব্যায়াম করিলে শরীর ও মনের উন্নতি হইবে ---- এটি পরীক্ষা করিয়া দেখা যাইতে পারে। মনীষিদের বানী কিরূপ? যেমন স্বামীজী বলিয়াছেন 'সত্যের জন্য সব কিছু ত্যাগ করা চলে কিন্তু কোনো কিছুর জন্য সত্যকে ত্যাগ করা চলে না। 'সত্যকথা কলির তপস্যা।'-- রামকৃষ্ণদেব বলেছেন।

এই কথাগুলি আমাদের মানিয়া লইতে হবে। পরীক্ষা করে দেখিতে গেলে অনেক সময় নষ্ট হইবে। শুধুমাএ সত্য জেনে নিয়ে পালন করিতে হইবে ও নিজে উন্নত হইতে হইবে তারপর অপরকেও উন্নত করার চেষ্টা করিতে হইবে। তাঁহারা অনেক বড় ও আদর্শ ব্যক্তিত্ব, তাঁহারা ভুল বলিতে পারেন না, তাঁহাদের কথা অনুসরন করাই আমাদের উচিত। শাস্ত্র বাক্যও অনুসরনযোগ্য , ভাগবত গীতায় আছে নিজের সহিত তুলনা করিয়া , অপরের সহিত যিনি ব্যবহার করেন তিনিই উওম যোগী।

স্বামীজী বলিয়াছেন 'যাহা তোমার শারিরীক মানসিক ও আধ্যাত্মিকভাবে ক্ষতিকর তা পায়ের আঙ্গুলের দ্বারাও স্পর্শ করিবে না।'---নিজে পরিক্ষা করার ক্ষেত্রে এটিই সবচেয়ে কার্যকরী সূত্র।

সকাম কর্ম, নিষ্কাম কর্ম ও নৈষ্কর্ম্য

যেসকল কর্মের প্রতিদানে কিছু পাওয়ার ইচ্ছা থাকে, তাকে সকাম কর্ম বলে। যেমন অনেকে বিপদ থেকে রক্ষা পাওয়ার জন্য বা রোগ থেকে তাড়াতাড়ি সেরে ওঠার জন্য ঠাকুরের পূজা দেয়, ঈশ্বরকে ডাকে। এটিকে সকাম ভক্তি বলে। এটি একটি সকাম কর্মের উদাহরণ। আবার কারোর জন্য কিছু করা হল, প্রতিদানে তার কাছে থেকে কি পাওয়া যাবে তাও চিন্তা হয়ে গেলো।একে সকাম কর্ম বলে।

কাজ করিয়াও, আমি কাজ করছি বা করিয়াছি এই অভিমান না থাকাকে নৈষ্কর্ম্য বলে।

জীবনে কর্মের প্রভাব

এই চারি প্রকার কর্ম ছাড়া , অন্য দৃষ্টিভঙ্গি থেকে কর্ম কে প্রধানত দুই ভাগে ভাগ করা যেতে পারে যথা 'শ্রেয় কর্ম' ও 'প্রেয় কর্ম'। শ্রেয়কর্ম কথাটির অর্থ হল শ্রেষ্ঠ কর্ম এবং প্রেয় কর্ম কথাটির অর্থ হল প্রিয় কর্ম। শ্রেষ্ঠ কর্ম সর্বদাই শুভ ফলদায়ক। প্রিয় কর্ম সর্বদা শুভ নাও হতে পারে। শ্রেষ্ঠকর্ম কি ; না ভোরবেলা ঘুম থেকে ওঠা, সূর্য দর্শন, প্রাতভ্রমণ, প্রাতস্নান, সঠিক খাদ্য গ্রহণ, বিদ্যাচর্চা,   পূজা, জপ,ধ্যান, ভক্তি সঙ্গীত শ্রবন, আধ্যাত্মশাস্ত্র পাঠ ও তদনুযায়ী জীবনযাপন ও সিদ্ধান্ত গ্রহণ ইত্যাদি। প্রিয় কর্ম যেমন তেলেভাজা খাওয়া, পরনিন্দা পরচর্চা করা, অসময়ে ঘুমানো, অব্রহ্মচর্য্য ইত্যাদি। এরূপ প্রিয় কর্ম সর্বদাই অশুভ।

শ্রেয় কর্ম করতে না পারলে আত্মনাশ হয় অর্থাৎ নিজের ক্ষতি হয় ও নিজেকে শারীরিক-মানসিক অনেক দুঃখ ও কষ্ট সহ্য করতে হয় । সুতরাং অশুভ কর্মের অনুশীলন সর্বদা আত্মঘাতী যা আত্মহত্যার তুল্য। একটি সুন্দর সুভাষিতে আছে:

সুখস্য দুঃখস্য ন কোহপি দাতা পরো দদাতীতি কুবুদ্ধিরেষা।

অহং করোমীতি বৃথাভিমানঃ স্বকর্মসূত্রে গ্রথিতো হি লোকঃ ।।

অর্থাৎ সুখ-দুঃখের কেউ দাতা নেই। যদি মনে করি অন্য কেউ আমার আপনার সুখ-দুঃখের জন্য দায়ী, তাহলে কুবুদ্ধিবশতঃ একথা ভাবছি। আবার যদি মনে করি আমি নিজেই নিজের সুখ-দুঃখকে সৃষ্টি করেছি তাহলে বুঝতে হবে আমার অহংকার হয়েছে, তাই এই ভাবনার উদয় হয়েছে। তাহলে এই সুখ-দুঃখের নির্মাতা কে? উত্তরে বলা হচ্ছে আমার আপনার কৃতকর্মই এর জন্য দায়ী। অর্থাৎ যেমন কর্ম তেমন ফল।

'শুভ কর্মে শুভ, মন্দে মন্দ ফল,

এ নিয়ম রোধে নাহি কারো বল।।

এ সম্বন্ধে একটি ইংরেজি কথায় বলা হয়েছে- If you do what you should not, you must bear what you would not. অর্থাৎ তোমার যা করার কথা নয়, তুমি যদি তাই কর, তাহলে তোমার যে দুর্ভোগ ভোগ করার কথা ছিল না, সেই দুর্ভোগ তোমাকে ভোগ করতে হবে। এখানে বলা যেতে পারে মানুষ নিজেই নিজের ভাগ্য রচনা করে। সেই বহুল প্রচলিত ইংরেজি কথা- Man is the maker of his own fortune অর্থাৎ মানুষ যেমন কাজ করে তাকে তেমন ফল ভোগ করতে হয়। সহজ কথায় মানুষ তাদের নিজ নিজ জীবনে স্বীয় কৃতকর্মের ফল ভোগ করে।

মহাভারতে বলা হয়েছে:

যাদৃশং বপতে বীজং ক্ষেত্রমাসাদ্য কর্ষকঃ।

সুকৃতে দুষ্কৃতে বাইপি তাদৃশং লভতে ফলম্।।

১৪

এ সম্বন্ধে নিচের সুভাষিতটি নিশ্চয় প্রাসঙ্গিক হবে---

রোগ-শোক-পরিতাপ-বন্ধন-ব্যসনানি চ।

আত্মাপরাধবৃক্ষাণাং ফলান্যেতানি দেহিনাম্ ।।

(হিতোপদেশ-- মিত্রলাভ-৪২)

অর্থাৎ রোগ, শোক, দুঃখ-কষ্ট, বন্ধন ও বিপদ; এ সব প্রাণিদের নিজের অপরাধরূপ বৃক্ষেরই ফল।

আরও আছেঃ

বিষমাং হি দশাং প্রাপ্য দৈবং গর্হয়তে নরঃ।

আত্মনঃ কর্মদোষাংস্তু নৈব জানাত্যপণ্ডিতঃ ।।

কথাটিকে ছন্দোবদ্ধ অনুবাদে বলা হয়েছে:

বিপাকে পড়িয়া মূঢ় দৈব নিন্দা করে,

আপনার কর্মদোষ বুঝিতে না পারে।

সাধক রামপ্রসাদ বলিয়েছেন **'দোষ কারো নয় গো মা, আমি স্বখাত সলিলে ডুবে মরি শ্যামা'**। 'স্বখাত সলিল' কথাটির অর্থ হল 'নিজের দ্বারা খনন করা জলাশয়ের জল' অর্থাৎ স্বখাত সলিলে ডুবে মরার অর্থ- নিজের কর্মের ফল নিজে ভোগ করা।

সাধারণত প্রকৃতি অনুসারে কর্মকে আমরা দুভাগে ভাগ করি। সৎকর্ম ও অসৎকর্ম অথবা পুণ্যকর্ম ও পাপকর্ম। এখন প্রশ্ন- কখন ও কেন আমরা সৎকর্ম বা পুণ্যকর্ম করি আর কখন ও কেন আমরা

অসৎকর্ম বা পাপকর্মে লিপ্ত হই? এর উত্তর হলো- যখন আমাদের বিচার-বিবেক জাগ্রত থাকে তখন সৎকর্ম বা পুণ্যকর্ম করি আর যখন বিচার-বিবেক লুপ্ত হয় তখন আমরা অসৎকর্ম বা পাপকর্ম করি। বিবেক কি? না ঠিক- ভুল, উচিত-অনুচিত, উন্নত -অনুন্নত, আপাত রমনীয়- পরিণাম রমণীয়, ধর্মসম্মত- অধর্মসম্মত, এরূপ নিশ্চয়ন্তিকা বুদ্ধি। এইরূপ বুদ্ধি কে মূল্যবোধ বলে। এই মূল্যবোধের অভাব হলে মানুষ অসৎ আচরণ করে।

তাই আমাদের সুরক্ষার জন্য ও আমাদের নিজেদের কল্যাণের জন্য মূল্যবোধসম্পন্ন জীবনযাপন করা অত্যন্ত জরুরি। মূল্যবোধসম্পন্ন জীবন-যাপন নিশ্চিত করতে পারলে আমরা পাপকর্ম থেকে বিরত হয়ে পুণ্যকর্মের অনুষ্ঠান করতে সমর্থ হব।

পাপ-পুণ্য

"মনে রাখিও, কাপুরুষ ও দুর্বলগণই পাপাচরণ করে ও মিথ্যা কথা বলে। সাহসী ও সবলচিত্ত ব্যক্তিগণ সদাই নীতিপরায়ণ। নীতিপরায়ণ, সাহসী ও সহানুভূতিসম্পন্ন হইবার চেষ্টা কর।... যাহা উন্নতির বিঘ্ন করে বা পতনের সহায়তা করে, তাহাই পাপ বা অধর্ম আর যাহা তাঁহার মতো হইবার সাহায্য করে, তাহাই ধর্ম।" ---স্বামীজী

"কারণ বিনা কার্য হয় কি? পাপ বিনা সাজা মিলে কি?

সর্বশাস্ত্র পুরাণেষু ব্যাসস্য বচনদ্বয়ং।

পরোপকারস্তু পুণ্যায় পাপায় পরপীড়নম্ ॥

-সমুদয় শাস্ত্র ও পুরাণে ব্যাসের দুইটি বাক্য আছে-পরোপকার করিলে পুণ্য ও পরপীড়ন করিলে পাপ উৎপন্ন হয়। সত্য নয় কি।"–স্বামীজী

এ সম্বন্ধে একটি সংস্কৃত শ্লোকে বলা হয়েছেঃ

পুণ্যস্য ফলমিচ্ছন্তি পুণ্যং নেচ্ছন্তি মানবাঃ।

পাপস্য ফলং নেচ্ছন্তি পাপং কুর্বন্তি যত্নতঃ।।

অর্থাৎ আমরা পুণ্যকর্মের ফল স্বর্গসুখ সকলেই চাই কিন্তু পুণ্যকর্ম করতে চাই না। আবার পাপের ফল নরকভোগ কেউ চাই না কিন্তু

যত্নের সঙ্গে পাপকর্মের অনুষ্ঠান করে চলি। এ বিষয়ে আমাদের কিছু বাস্তবানুগ চিন্তা-ভাবনা প্রয়োজন। প্রথমত, মানুষ মাত্রই ভুল করে, পাপ করে। এই ভুল ও পাপ দুরকমই হতে পারে, ইচ্ছাকৃত ও অনিচ্ছাকৃত। এই উভয়প্রকার ভুল ও পাপের জন্যই আমাদের শাস্তি পেতে হয়। তবে অনিচ্ছাকৃত ভুল ও পাপের হাত থেকে নিষ্কৃতিলাভ সহজ। এরূপ ভুল ও পাপের হয়তো ক্ষমা আছে কিন্তু ইচ্ছাকৃত পাপের হাত থেকে রক্ষা পাওয়া কঠিন। এই ইচ্ছাকৃত পাপ আত্মঘাতী কাজ। পাপের হাত থেকে রক্ষা পাবার জন্য নিম্নলিখিত সমাধান সূত্র দেওয়া হয়েছে:

পাপক্ষেৎ পুরুষঃ কৃত্বা কল্যাণমভিপদ্যতে।

মুচ্যতে সর্বপাপেভ্যো মহাভ্রেণেব চন্দ্রমাঃ।।

(মহাভারত-বনপর্ব)

এর অর্থ বিশাল মেঘ এসে যেমন চাঁদকে ঢেকে দেয় আবার সে মেঘ চলে গেলে পুনরায় চাঁদ স্বমহিমায় বিরাজ করে তেমনি পাপ কাজের পর আবার পুণ্যকর্মের অনুষ্ঠান শুরু করলে পাপরূপ মেঘও কেটে যায়। এ বিষয়ে মনুসংহিতাতেও বলা হয়েছে:

কৃত্বা পাপং হি সন্তপ্য তস্মাৎ পাপাৎ প্রমুচ্যতে।

নৈবং কুর্যাং পুনরিতি নিবৃত্ত্যা পুয়তে তু সঃ।।

(মনু ১১/২৩১)

-পাপ করে সন্তপ্ত হলে সেই সন্তাপ থেকেই মানুষের পাপের মোচন হয়, এমন কাজ আর আমি করব না বলে নিবৃত্ত হলেই মানুষ পবিত্র হতে পারে।

বস্তুত দেখি পাপী দস্যু রত্নাকর পুণ্যকর্মের অনুষ্ঠানের মাধ্যমে পরবর্তী জীবনে মহামুনি, মহাকবি বাল্মীকিতে রূপান্তরিত হয়েছিলেন। এ বিষয়ে একটি অপূর্ব ইংরাজী কথা- Each saint had a past but each sinner has a future. যার অর্থ প্রত্যেক সন্ত পুরুষের একটি ভাল অতীত ছিল কিন্তু প্রত্যেক পাপীর একটি উজ্জ্বল ভবিষ্যৎ আছে। পাপ মোচন প্রসঙ্গে পুরাণ বলছেন হরিনামের দ্বারা পাপমোচন সম্ভব। এ প্রসঙ্গে বৃহদ্বিষ্ণুপুরাণে বলা হয়েছে:

নাম্নোঽস্য যাবতী শক্তিঃ পাপ-নির্হরণে হরেঃ।

তাবৎ কর্ত্তুং ন শক্নোতি পাতকং পাতকী জনঃ ॥

(বৃহদ্বিষ্ণুপুরাণ)

পাপ হরণ করার জন্য হরিনামের যত শক্তি আছে মহাপাতকীও তত পাপ করতে সমর্থ নন। উক্ত বিষয়ে শ্রীচৈতন্য মহাপ্রভুর দিব্য জীবনে জগাই-মাধাই ও শ্রীরামকৃষ্ণজীবনে গিরিশ-কালীপদ ঘোষের কাহিনি স্মরণযোগ্য। শ্রীমদ্ভগবদগীতায় আছে:

অপি চেৎ সুদুরাচারো ভজতে মামনন্যভাক্‌।

সাধুরেব স মন্তব্যঃ সম্যগ ব্যবসিতো হি সঃ ॥৯/৩০॥

অতি দুরাচার ব্যক্তিও যদি অনন্য ভক্তির সহিত আমাকে ভজনা করেন, তাঁহাকে সাধু বলিয়া মনে করিবে, কারণ তাঁহার সঙ্কল্প অতি শুভ।

ক্ষিপ্রং ভবতি ধর্ম্মাত্মা শশ্বচ্ছান্তিং নিগচ্ছতি।

কৌন্তেয় প্রতিজানীহি ন মে ভক্তঃ প্রণশ্যতি।।৯/৩১।।

তিনি শীঘ্র ধার্মিক হন ও চির শান্তিলাভ করেন। হে কৌন্তেয়, আমার ভক্ত কখনও বিনষ্ট হন না, ইহা নিশ্চিত জানিও এবং সানন্দে জগতে প্রচার কর।

কর্মযোগ কী?

মানুষ নানা উদ্দেশ্যে কর্ম করিয়া থাকে। কোন উদ্দেশ্য ব্যতীত কর্ম হইতে পারে না। কোন কোন লোক যশ চায়, তাহারা যশের জন্য কার্য করে। কেহ কেহ অর্থ চায়, তাহারা অর্থের জন্য কার্য করে। কেহ কেহ প্রভুত্ব চায়, তাহারা প্রভুত্বলাভের জন্য কার্য করে। অনেকে স্বর্গে যাইতে চায়, তাহারা নিঃস্বার্থপরতা-এগুলি শুধু নীতি স্বর্গে যাইবার জন্য কার্য করে। অপরে আবার মৃত্যুর পর নিজেদের নাম রাখিয়া যাইতে চায়। চীনদেশের রীতি-না মরিলে কাহাকেও কোন উপাধি দেওয়া হয় না। বিচার করিয়া দেখিলে ইহা অপেক্ষাকৃত ভাল প্রথা বলিতে হইবে। চীনে কোন লোক খুব ভাল কাজ করিলে তাহার মৃত পিতা বা পিতামহকে কোন সম্মানজনক উপাধি প্রদান করা হয়। কেহ কেহ এই উদ্দেশ্যে কাজ করিয়া থাকে। কোন কোন মুসলমান-সম্প্রদায়ের অনুগামিগণ মৃত্যুর পর একটি প্রকাণ্ড সমাধি-মন্দিরে সমাহিত হওয়ার জন্য সমস্ত জীবন কার্য করিয়া থাকে। আমি এমন কয়েকটি সম্প্রদায়ের কথা জানি, যাহাদের মধ্যে শিশু জন্মিবামাত্র তাহার জন্য সমাধি-মন্দির নির্মিত হইতে থাকে; ইহাই তাহাদের বিবেচনায় মানুষের সর্বাপেক্ষা প্রয়োজনীয় কর্ম এবং ঐ সমাধি-মন্দির যত বৃহৎ ও সুন্দর হয়, সেই ব্যক্তি ততই ধনী বলিয়া বিবেচিত হয়। কেহ কেহ আবার প্রায়শ্চিত্তরূপে কর্ম করিয়া থাকে; সর্ববিধ অসৎ কার্য করিয়া শেষে

একটি মন্দির প্রতিষ্ঠা করিল অথবা পুরোহিতগণকে কিনিয়া লইবার জন্য এবং তাঁহাদের নিকট হইতে স্বর্গে যাইবার ছাড়পত্র পাইবার জন্য কিছু অর্থ তাঁহাদিগকে দিল। তাহারা মনে করে, এরূপ দানের দ্বারা তাহাদের পথ পরিষ্কার হইল, পাপ সত্ত্বেও তাহারা শাস্তি এড়াইয়া যাইবে। মানুষের কার্যপ্রবৃত্তির বহু উদ্দেশ্যের কয়েকটি মাত্র বলা হইল।

“আমাদের বর্তমান অবস্থার জন্য আমরাই দায়ী, এবং আমরা যাহা হইতে ইচ্ছা করি, তাহা হইবার শক্তিও আমাদের আছে। আমাদের বর্তমান অবস্থা যদি আমাদের পূর্ব কর্মের দ্বারা নিয়ন্ত্রিত হয়, তবে ইহাই নিশ্চিত সিদ্ধান্ত হইবে যে, ভবিষ্যতে আমরা যাহা ব হইতে ইচ্ছা করি, আমাদের বর্তমান কর্ম দ্বারাই তাহা হইতে পারি। অতএব আমাদের জানা উচিত কিরূপে কর্ম করিতে হইবে। তোমরা বলিবে, 'কর্ম কি করিয়া করিতে হয়, তাহা আবার শিখিবার প্রয়োজন কি? সকলেই তো কোন-না-কোন ভাবে এই জগতে কাজ করিতেছে'। কিন্তু 'শক্তির অনর্থক ক্ষয়' বলিয়া একটি কথা আছে। গীতায় এই কর্মযোগ সম্বন্ধে কথিত আছে, 'কর্মযোগের অর্থ কর্মের কৌশল-বিজ্ঞানসম্মত প্রণালীতে কর্মানুষ্ঠান।' কর্ম কি করিয়া করিতে হয়-জানিলে তবেই কর্ম হইতে সর্বাপেক্ষা ভাল ফল পাওয়া যায়।”

'অতি সামান্য কর্মকেও ঘৃণা করা উচিত নয়। যে-ব্যক্তি উচ্চতর উদ্দেশ্যে কাজ করিতে জানে না, সে স্বার্থপর উদ্দেশ্যেই-নাম-যশের জন্যই কাজ করুক। প্রত্যেককে-সর্বদাই উচ্চ হইতে উচ্চতর উদ্দেশ্যের দিকে অগ্রসর হইতে হইবে, এবং ঐগুলি কি-তাহা বুঝিবার চেষ্টা করিতে হইবে। 'কর্মেই আমাদের অধিকার, ফলে নয়'-ফল যাহা হইবার হউক। ফলের জন্য চিন্তা কর কেন? কোন লোককে সাহায্য করিবার সময় তোমার প্রতি সেই ব্যক্তির মনোভাব কিরূপ হইবে, সে

বিষয়ে চিন্তা করিও না। তুমি যদি কোন মহৎ বা শুভ কার্য করিতে চাও, তবে ফলাফলের চিন্তা করিয়া উদ্বিগ্ন হইও না।

'কর্মের এই আদর্শ সম্বন্ধে আর একটি কঠিন সমস্যা আসিয়া পড়ে। তীব্র কর্মশীলতার প্রয়োজন; সর্বদাই আমাদের কর্ম করিতে হইবে, আমরা এক মিনিটও কর্ম না করিয়া থাকিতে পারি না। তবে বিশ্রাম কোথায়? জীবন-সংগ্রামে কামনা করিয়া যাহার ক্ষিপ্র আবর্তে আমরা বিঘূর্ণিত, আর একদিকে সব ধীর স্থির; সবই যেন নিবৃত্তি-উন্মুখ, চারিদিকে শান্তিময়—— কোনরূপ শব্দ বা কোলাহল নাই, কেবল জীবজন্তু বৃক্ষপুষ্প পর্বতরাজি-সমন্বিত প্রকৃতির শান্তিময় ছবি। এই দুইটির কোনটিই সম্পূর্ণ চিত্র নয়। যেমন গভীর সমুদ্রের মৎস্য উপরে আসিবামাত্র খণ্ড-বিখণ্ড হইয়া যায়—কারণ জলের প্রবল চাপেই উহা জীবিত অবস্থায় থাকিতে সমর্থ, তেমনি শান্তিপূর্ণ স্থানে বাস করিতে অভ্যস্ত কোন ব্যক্তি সংসারের এই মহাবর্তের সংস্পর্শে আসিবামাত্র ধ্বংস হইয়া যাইবে। আবার যে-ব্যক্তি কেবল সাংসারিক ও সামাজিক জীবনের কোলাহলেই অভ্যস্ত, সে কি কোন নিভৃত স্থানে স্বস্তিতে বাস করিতে পারে? যন্ত্রণায় হয়তো তাঁহার মস্তিষ্ক বিকৃত হইয়া যাইবে। আদর্শ পুরুষ তিনিই, যিনি গভীরতম নির্জনতা ও নিস্তব্ধতার মধ্যে তীব্র কর্মী এবং প্রবল কর্মশীলতার মধ্যে মরুভূমির নিস্তব্ধতা ও নিঃসঙ্গতা অনুভব করেন। তিনি সংযমের রহস্য বুঝিয়াছেন-আত্মসংযম করিয়াছেন। যানবাহন-মুখরিত মহানগরীতে ভ্রমণ করিলেও তাহার মন শান্ত থাকে, যেন তিনি নিঃশব্দ গুহায় রহিয়াছেন, অথচ তাঁহার মন তীব্রভাবে কর্ম করিতেছে। কর্মযোগের ইহাই আদর্শ। যদি এই দের অবস্থা লাভ করিতে পার, তবেই কর্মের প্রকৃত রহস্য অবগত হইলে।'

কিন্তু আমাদিগকে গোড়া হইতে আরম্ভ করিতে হইবে। আমাদের সম্মুখে যেরূপ কর্ম আসিবে, তাহাই করিতে হইবে এবং প্রত্যহ আমাদিগকে ক্রমশঃ আরও অধিক নিঃস্বার্থপর হইতে হইবে। আমাদিগকে কর্ম করিতে হইবে এবং ঐ কর্মের পশ্চাতে কি অভিসন্ধি আছে, তাহা দেখিতে হইবে। তাহা হইলে প্রায় সর্বত্রই দেখিতে পাইব, প্রথম প্রথম আমাদের অভিসন্ধি সর্বদাই স্বার্থপূর্ণ, কিন্তু অধ্যবসায়-প্রভাবে ক্রমশঃ এই স্বার্থপরতা কমিয়া যাইবে। অবশেষে এমন সময় আসিবে, যখন আমরা সত্যই নিঃস্বার্থ কর্ম করিতে সমর্থ হইব। তখন আমাদের আশা হইবে যে, জীবনের পথে ক্রমশঃ অগ্রসর হইতে হইতে কোন-না-কোন সময়ে এমন একদিন আসিবে, যখন আমরা সম্পূর্ণ নিঃস্বার্থ হইতে পারিব। আর যে মুহূর্তে আমরা সেই অবস্থা লাভ করিব, সেই মুহূর্তে আমাদের সকল শক্তি কেন্দ্রীভূত হইবে এবং আমাদের অন্তর্নিহিত জ্ঞান প্রকাশিত হইবে।

'এই বিষয়টি আমরা গীতাতেও পাঠ করিয়া থাকি; সেখানে আমরা এই শিক্ষা পাই যে, আমাদের কাজ করিতে হইবে, সমগ্র শক্তি দিয়া নিয়ত কাজ করিয়া যাইতে হইবে; এবং যে-কোন কাজেই আমরা নিযুক্ত হই না কেন, তাহার উপর আমাদের সমগ্র মন সমাহিত করিতে হইবে; অথচ দেখিতে হইবে, আমরা যেন কর্মে আসক্ত হইয়া না পড়ি, অর্থাৎ অন্য কোন কিছুর প্রভাবে যেন কর্ম হইতে সরিয়া না যাই, কিন্তু তবু সর্বাবস্থাতেই যেন ইচ্ছামাত্র আমরা কর্মত্যাগ করিতে সমর্থ হই।

'আমরা যদি নিজ নিজ জীবন বিশ্লেষণ করি, তাহা হইলে দেখিতে পাই যে, আমাদের দুঃখের সবচেয়ে বড় কারণ এই-- আমরা কোন কার্য গ্রহণ করিয়া তাহাতে আমাদের সমস্ত শক্তি নিয়োজিত করি; হয়তো তাহা নিষ্ফল হইল, তথাপি আমরা তাহা পরিত্যাগ করিতে পারি

না। আমরা জানি, কর্ম আমাদিগকে আঘাত দিতেছে, কর্মের প্রতি আরও বেশি আসক্তি আমাদের কেবল দুঃখই দিতেছে-তথাপি আমরা ঐ কর্ম হইতে নিজেদের বিচ্ছিন্ন করিতে পারি না। মক্ষিকা মধুপান করিতে আসিয়াছিল, কিন্তু তাহার পাগুলি মধুভাণ্ডে আটকাইয়া গেল! সে আর বাহির হইতে পারিল না। বার বারই আমাদের এরূপ দুরবস্থা হইতেছে। আমাদের সমগ্র জীবনই এইরূপ একটা রহস্যে আবৃত। কেন আমরা এ জগতে আসিয়াছি? আমরা এখানে মধুপান করিতে আসিয়াছিলাম, কিন্তু দেখিতে পাইতেছি-আমাদের হাত-পা উহাতে আবদ্ধ হইয়া পড়িয়াছে! আমরা জগৎকে ধরিতে আসিয়াছিলাম, কিন্তু নিজেরাই ধৃত হইয়া পড়িলাম! ভোগ করিতে আসিয়াছিলাম, কিন্তু আমরাই ভুক্ত হইতেছি! শাসন করিতে আসিয়াছিলাম, কিন্তু নিজেরাই শাসিত হইতেছি! কাজ করিতে আসিয়াছিলাম, কিন্তু অপরের হস্তে ক্রীড়নক হইয়া পড়িতেছি! এরূপ ব্যাপার আমরা সর্বদাই দেখিতে পাই। আমাদের জীবনে প্রত্যেক ছোটখাট ব্যাপারে এইরূপই ঘটিয়া থাকে। অপরের মন-বুদ্ধি দ্বারা আমরা চালিত হইতেছি; আবার আমরা সর্বদাই অপরের মন-বুদ্ধির উপর প্রভাব বিস্তার করিতে চেষ্টা করিতেছি। আমরা জীবনের সুখস্বাচ্ছন্দ্য উপভোগ করিতে চাই, কিন্তু সেগুলিই আমাদের প্রাণশক্তি ক্ষয় করিয়া ফেলে। আমরা চাই প্রকৃতি হইতে কিছু আহরণ করিতে, কিন্তু পরিণামে দেখিতে পাই, প্রকৃতিই আমাদের সর্বস্ব কাড়িয়া লয় আমাদিগকে একেবারে রিক্ত করিয়া ফেলিয়া দেয়। যদি এরূপ না হইত, তবে জীবন আনন্দোজ্জ্বল হইয়া উঠিত। এগুলি কখনো গ্রাহ্য করিও না। আমরা যদি বিষয়ে জড়িত হইয়া না পড়ি, তাহা হইলে সর্ববিধ সফলতা ও বিফলতা, সুখ ও দুঃখ সত্ত্বেও আমাতের জীবন অবিরাম আনন্দোজ্জ্বল হইতে পারে।

‘দুঃখের ইহাই একটি কারণ যে, আমরা আসক্ত হই। আমরা নিত্য আবদ্ধ হইতেছি। এজন্য গীতা বলিতেছেন: নিয়ত কর্ম কর; কর্ম কর, কিন্তু আসক্ত হইও না; কর্মে বদ্ধ হইও না। প্রত্যেক বিষয় হইতে নিজেকে প্রত্যাহৃত করিবার শক্তি সঞ্চিত রাখ-কোন বস্তু যত প্রিয়ই হউক না কেন, তাহা পাইবার জন্য মন যত বেশিই ব্যাকুল হউক না কেন, তাহা ত্যাগ করিতে গেলে যত তীব্র বেদনা অনুভব কর না কেন, প্রয়োজনকালে তাহা পরিত্যাগের শক্তি নিজের মধ্যে সঞ্চিত রাখ। এই জীবনেই হউক বা অন্য কোন জীবনেই হউক দুর্বলের স্থান নাই, দুর্বলতা দাসত্ব আনে। দুর্বলতা সর্বপ্রকার শারীরিক ও মানসিক দুঃখের কারণ। দুর্বলতাই মৃত্যু। শতসহস্র জীবাণু আমাদের চারিদিকে বিচরণ করিতেছে; কিন্তু যে পর্যন্ত না আমরা দুর্বল হইয়া পড়ি, যে পর্যন্ত না আমাদের দেহ ঐগুলি গ্রহণ করিবার জন্য পূর্বেই প্রস্তুত ও উন্মুখ হয়, সে পর্যন্ত ঐ জীবাণুগুলি আমাদের অনিষ্ট করিতে পারে না। লক্ষ লক্ষ দুঃখের জীবাণু আমাদের চারিদিকে ভাসমান থাকিতে পারে; ঐগুলিকে গ্রাহ্য করিলে চলিবে না। যে পর্যন্ত আমাদের মন দুর্বল না হয়, সেগুলি আমাদের নিকট আসিতে সাহস করিবে না; আমাদিগকে আয়ত্ত করিবার কোন শক্তি তাহাদের নাই। জীবনের পরম সত্য এইঃ শক্তিই জীবন, দুর্বলতাই মৃত্যু। শক্তিই সুখ ও আনন্দ; শক্তিই অনন্ত ও অবিনশ্বর জীবন। দুর্বলতাই অবিরাম দুঃখ ও উদ্বেগের কারণ; দুর্বলতাই মৃত্যু।

‘এই জীবনে যাবতীয় ইন্দ্রিয়-সুখের উৎস আসক্তি। আমরা আমাদের বন্ধু-বান্ধবদের প্রতি আসক্ত হই; নিজেদের মানসিক ও আধ্যাত্মিক ব্যাপারে আসক্ত হই; যাবতীয় বাহ্যবস্তুতে আসক্ত হই, যাহাতে ঐগুলির সাহায্যে ইন্দ্রিয়সুখ লাভ করিতে পারি। আবার এই

আসক্তি ভিন্ন আর কি আছে, যাহা আমাদের দুঃখ দিতে পারে? আনন্দ অর্জন করিতে হইলে আমাদিগকে আসক্তিহীন হইতে হইবে। ইচ্ছামাত্র অনাসক্ত হইবার শক্তি যদি আমাদের থাকিত, তবে কোন দুঃখই থাকিত না। কেবল সেই ব্যক্তিই প্রকৃতির শ্রেষ্ঠ বস্তুলাভে সমর্থ হইবেন, যিনি সমগ্র শক্তি দিয়া কোন বস্তুতে আসক্ত হইবার সামর্থ্য লাভ করিয়াও প্রয়োজনকালে নিজেকে অনাসক্ত করিবারও শক্তি ধারণ করেন। কিন্তু মুশকিল এই-যতটুকু আসক্ত হইবার ক্ষমতা থাকা দরকার, ততটুকু অনাসক্ত হইবার ক্ষমতাও থাকা উচিত। আবার এমন সব ব্যক্তি আছে, যাহারা কোন কিছু দ্বারা আকৃষ্ট হয় না। তাহারা ভালবাসিতে পারে না; তাহারা কঠিনহৃদয় ও উদাসীন; অবশ্য জীবনের অধিকাংশ দুঃখ তাহারা এড়াইয়া যায়। কিন্তু দেওয়াল কখনো দুঃখবোধ করে না, কখনো ভালবাসে না, কখনো আঘাত পায় না; তাহা হইলেও উহা দেওয়ালই থাকে। নিতান্ত অনুভূতিহীন দেওয়াল হওয়া অপেক্ষা কোন কিছুর প্রতি আসক্তি বা আকর্ষণ অনুভব করা বরং ভাল। যে কখনো কাহাকেও ভালবাসে না, যে কঠিনহৃদয় ও পাষাণতুল্য, সে জীবনের অধিকাংশ দুঃখ এড়াইবার সঙ্গে সঙ্গে আনন্দ হইতেও বঞ্চিত হয়। এইরূপ অবস্থা আমরা কামনা করি না। ইহা দুর্বলতা, ইহা মৃত্যুতুল্য। যে হৃদয় কখনো দুর্বলতা অনুভব করে না, দুঃখ অনুভব করে না, সে হৃদয় কখনই জাগ্রত হয় নাই। তাহা স্পন্দনহীন জড়াবস্থা; এরূপ অবস্থা আমরা চাই না।

'ক্ষুদ্র 'আমি'-যতই বিসর্জন করিব, ততই আমরা ঈশ্বরভাবাপন্ন হইব। চলুন, আমরা ক্ষুদ্র 'আমি'-কে পরিত্যাগ করি, তবেই আমাদের অন্তরে বৃহৎ 'আমি' আসিবে। যখন আমাদের মন হইতে 'অহং'-ভাব সম্পূর্ণ দূর হয়, তখনই আমরা উৎকৃষ্ট কর্মী ও প্রভাবশালী ব্যক্তি

বলিয়া গণ্য হই। বাসনাশূন্য ব্যক্তিদের কর্মই মহৎ ফল প্রসব করে। যাহারা তোমার নিন্দা করে, তাহাদিগকে আশীর্বাদ কর; চিন্তা করিয়া দেখ, তোমার মিথ্যা 'অহং'দূর করিতে সাহায্য করিয়া নিন্দাকারীরা তোমার কি মহৎ উপকার করিতেছ। যথার্থ 'আমি'কে আঁকড়াইয়া থাক, শুধু সৎ চিন্তা কর, দেখিবে ধর্মপ্রচারকদের অপেক্ষা তুমি অনেক বেশি কাজ করিতেছ। পবিত্রতা ও নীরবতা হইতেই মহা শক্তিময়ী বাণী আসে।

কর্মযোগ বা প্রেমযোগ ও অবিরত অপরের মঙ্গলচিন্তা

➢ **What is karma yoga?**

Doing something for others without anything is karma yoga.

➢ **What is love?**

Doing something for others without anything is love.

➢ **What is greatness?**

Doing something for others without anything is greatness.

➢ **প্রেম কী? – নিঃস্বার্থ কর্ম।**

➢ **বহুজন হিতায় বহুজন সুখায় চ – ঋগ্বেদ।**

অর্থাৎ বহুজনের হিতের জন্য, বহুজনের সুখের জন্য কর্ম করতে হবে।

ওঁ সর্বে ভবন্তু সুখিনঃ,

সর্বে সন্তু নিরাময়াঃ।

সর্বে ভদ্রাণি পশ্যন্তু

মা কশ্চিৎ দুঃখভাগ্‌ভবেৎ।।

বৃহদারণ্যক উপনিষদ

--সকলেই সুখি হউক, সকলেই রোগশূন্য হউক। সকলেই মঙ্গল লাভ করুক; কেহ যেন কখনো দুঃখ ভোগ না করে।

দুর্জনো সজ্জনেম্‌ ভূয়াৎ

সজ্জনঃ শান্তিমাপ্নুয়াৎ।

শান্তো মুচ্যতে বন্ধেভ্যঃ

মুক্তশ্চ অন্যান্‌ বিমোচায়েৎ।।

বৃহদারণ্যক উপনিষদ

—দুর্জন ব্যক্তি, সজ্জন হউক। সজ্জন ব্যক্তি শান্তিলাভ করুক। শান্ত ব্যক্তি সকল বন্ধন থেকে মুক্ত হউক। মুক্ত ব্যক্তি অপরকেও বন্ধন থেকে মুক্ত করুক।

"বহুরূপে সম্মুখে তোমার ছাড়ি কোথা খুঁজিছ ঈশ্বর।

জীবে প্রেম করে যেই জন সেই জন সেবিছে ঈশ্বর।।

-- স্বামী বিবেকানন্দ

'কর্তব্যবিশেষ রুচিকর নয়। প্রেম কর্তব্য-চক্রকে স্নেহসিক্ত করিলে তবেই উহা বেশ সহজভাবে চলিতে থাকে, নতুবা কর্তব্য ক্রমাগত সংঘর্ষ। অন্যথা কিভাবে পিতামাতা সন্তানের প্রতি, স্বামী স্ত্রীর প্রতি, স্ত্রী স্বামীর প্রতি কর্তব্য পালন করিতে পারে? আমরা কি জীবনের প্রতিদিনই সংঘর্ষের সম্মুখীন হইতেছি না? প্রেম-মিশ্রিত হইলেই কর্তব্য রুচিকর হয়। (স্বামী বিবেকানন্দ)

'কর্তব্য-পালনের সঙ্গে যদি প্রেমের নিবিড় সম্বন্ধ বিজড়িত না থাকে তা হলে সেই কর্তব্য বড় একটা মধুর ব'লে মনে হয় না, বরং তা নীরস, তিক্ত ও ক্লান্তিকর হয়ে ওঠে। মনে করুন, কোনও ভদ্রমহিলাকে তাঁর স্বামীর প্রতি করণীয় সমস্ত কর্তব্য পালন করে যেতে হয়। যদি স্বামীর প্রতি তাঁর প্রকৃত অনুরাগ না থাকে তাহলে সেই কর্তব্য-অনুষ্ঠান কি তাঁর কাছে প্রীতিকর বলে মনে হবে? অথবা স্বামীর যদি তাঁর স্ত্রীর প্রতি ভালবাসা না থাকে, শুধু সামাজিক ও আইনসঙ্গত বন্ধনের দায়ে যদি তাঁকে স্ত্রীর প্রতি কর্তব্য করে যেতে হয় তবে স্বামীর পক্ষে কি সেই কর্তব্য পালন সুখকর মনে হয়। কিন্তু যেখানে প্রেম বিরাজিত সেখানে শান্তি ও আনন্দ বর্তমান থাকবে এবং সেখানে কেউই কারও নিকট হ'তে প্রেমের প্রতিদান চাইবে না। অপরকে শুধু নিঃস্বার্থভাবে ভালবাসাতেই প্রকৃত প্রেমের সার্থকতা। এই প্রেমের প্রেরণাই মানুষকে অপরের জন্য কর্মে প্রবৃত্ত করে এবং বাধ্যতামূলক কর্তব্যের মনোভাব তখন আর সেখানে থাকে না। এই সত্য যিনি বুঝতে পারেন তিনিই কর্ম-বিজ্ঞানকে অবগত হয়েছেন। প্রেমের দ্বারা চালিত হয়েই তিনি সমস্ত কর্ম ক'রে যান ও শান্তি ভোগ করেন এবং তিনি ঐশ্বরিক ভাবে অনুপ্রাণিত কর্মযোগীরূপে পরিচিত হন। মানবজাতিকে ভালবাসতেন ক'লেই তাদের কল্যাণের জন্য মহামানব

যীশুখ্রীষ্ট নিজের জীবনকে উৎসর্গ করেছিলেন। অগণিত নরনারীর দুঃখ-দুর্গতি ও শোক-জ্বালা দেখে বুদ্ধদেবের বিশাল প্রাণ বিচলিত হয়েছিল বলেই তিনি তাদের দুঃখে নির্মম ও উদাসীনভাবে নিশ্চিন্ত ও নিশ্চেষ্ট থাকতে পারেননি। বিশ্বমানবের কল্যাণের জন্য তিনি সর্বতোভাবে নিজেকে কায়মনোপ্রাণে নিয়োজিত করেছিলেন। যেমন কোনও ব্যক্তিকে জলে ডুবে যেতে দেখে কোনও মহাপ্রাণ ব্যক্তি নিজের শক্তি-সামর্থ্যের কথা না ভেবেই তার উদ্ধারের জন্য জলে ঝাঁপিয়ে পড়েন, তেমনি মানবের দুঃখ-দুর্গতির মর্মস্পদ দৃশ্যে বুদ্ধদেবের হৃদয়ও সেরূপ বিচলিত ও বিগলিত হয়েছিল। যা আমাদের এই ক্ষুদ্র ব্যক্তিত্বকে-আমাদের সঙ্কীর্ণ জীবনকে ভুলিয়ে দেয় তাই প্রকৃত প্রেম, এবং এই প্রেম কর্তব্যপালনের বন্ধন হ'তে বহু উর্ধ্বে অবস্থিত। এই প্রেমকেই কর্তব্যপালনের চরম পরিণতির অবস্থা বলা যেতে পারে আর সেইজন্যই এটি আমাদের মুক্তি এনে দেয়। এই উন্নত অবস্থা লাভের পর হ'তে আমরা সমস্ত কার্যই মানব-প্রেমের বশবর্তী হয়েই করি এবং এই পৃথিবীতে মুক্ত পুরুষদের মতন মহিমান্বিত জীবন যাপন করেও যেতে পারি। (উৎস: কর্মবিজ্ঞান, স্বামী অভেদানন্দ)

হে মন, চলো, আমরা নিঃস্বার্থ কর্ম করার ব্রত গ্রহন করি ও ভক্তিপ্রনত চিত্তে ঈশ্বরের কাছে তাহার সহায়তার জন্য প্রার্থনা করি।

"আজি   প্রণমি তোমারে চলিব, নাথ, সংসারকাজে।

তুমি   আমার নয়নে নয়ন রেখো অন্তরমাঝে॥

হৃদয়দেবতা রয়েছ প্রাণে মন যেন তাহা নিয়ত জানে,

পাপের চিন্তা মরে যেন দহি দুঃসহ লাজে॥

সব কলরবে সারা দিনমান   শুনি অনাদি সঙ্গীতগান,

সবার সঙ্গে যেন অবিরত তোমার সঙ্গ রাজে।

নিমেষে নিমেষে নয়নে বচনে,   সকল কর্মে, সকল মননে,

সকল হৃদয়তন্ত্রে যেন মঙ্গল বাজে॥"

---রবীন্দ্রনাথ ঠাকুর।

প্র্যাক্টিক্যাল বেদান্ত

স্বামী বিবেকানন্দ ও তাঁর শিষ্য শরৎচন্দ্র চক্রবর্তীর মধ্যে একটি সংলাপ।

"বেদান্ত কেবল পড়ে কি হবে? Practical Life (কর্মজীবন)-এ শুদ্ধদ্বৈতবাদের সত্যতা প্রমানিত করতে হবে। শঙ্কর অদ্বৈতবাদকে জঙ্গলে পাহাড়ে রেখে গেছেন; আমি এবার সেটাকে সেখান থেকে সংসারে ও সমাজের সর্বত্র রেখে যাব বলে এসেছি। ঘরে ঘরে, মাঠে মাঠে, পর্বতে প্রান্তরে এই অদ্বৈতবাদের দুন্দুভিনাদ তুলতে হবে। তোরা আমার সহায় হয়ে লেগে যা।" – স্বামী বিবেকানন্দ (স্বামি-শিষ্য সংবাদ)

শিষ্য – মহাশয়, ধ্যানসহায়ে ঐভাব অনুভূতি করিতেই যেন আমার ভাল লাগে। লাফাতে ঝাঁপাতে ইচ্ছা হয় না।

স্বামীজী – সেটা তো নেশা করে অচেতন হয়ে থাকার মত; শুধু ঐরূপ থেকে কি হবে? অদ্বৈতবাদের প্রেরণায় কখনও বা তাণ্ডব নৃত্য করবি, কখনও বা বুঁদ হয়ে থাকবি। ভাল জিনিষ পেলে কি একা খেয়ে সুখ হয়? দশ জনকে দিতে হয় ও খেতে হয়। আত্মানুভূতি লাভ করে না-হয় তুই মুক্ত হয়ে গেলি – তাতে জগতের এল গেল কি? ত্রিজগৎ মুক্ত করে নিয়ে যেতে হবে। মহামায়ার রাজ্যে আগুন ধরিয়ে দিতে হবে! তখনই নিত্য-সত্যে প্রতিষ্ঠিত হবি। সে আনন্দের কি তুলনা আছে রে! 'নিরবধি গগনাভম্‌' – আকাশকল্প ভূমানন্দে প্রতিষ্ঠিত হবি। জীবজগতের সর্বত্র তোর নিজ সত্তা দেখে অবাক হয়ে পড়বি! স্থাবর ও জঙ্গম সমস্ত তোর আপনার সত্তা বলে বোধ হবে। তখন সকলকে আপনার মত যত্ন না করে থাকতে পারবিনি।

এরূপ অবস্থাই হচ্ছে Practical Vedanta (কর্মে পরিণত বেদান্তের অনুভূতি) – বুঝলি। তিনি (ব্রহ্ম) এক হয়েও ব্যবহারিক ভাবে বহুরূপে সামনে রয়েছেন। নাম ও রূপ এই ব্যবহারের মূলে রয়েছে। যেমন ঘটের নাম-রূপটা বাদ দিয়ে কি দেখতে পাস? একমাত্র মাটি, যা এর প্রকৃতি সত্তা। সেরূপ ভ্রমে ঘট মঠ – সব ভাবছিস ও দেখছিস। জ্ঞান-প্রতিবন্ধক এই যে অজ্ঞান, যার বাস্তব কোন সত্তা নেই, তাই নিয়ে ব্যবহার চলছে। মাগ-ছেলে, দেহ-মন যা কিছু সবই নামরূপ সহায়ে অজ্ঞানের দৃষ্টিতে দেখতে পাওয়া যায়। অজ্ঞানটা যেই সরে দাঁড়াল, তখনই ব্রহ্ম-সত্তার অনুভূতি হয়ে গেল।

শিষ্য – এই অজ্ঞান কোথা হইতে আসিল?

স্বামীজী – কোথেকে এল তা পরে বলব। তুই যখন আবার দড়াকে দড়া বলে জানতে পারবি, তখন নিজের পূর্বকার অজ্ঞতা ভেবে হাসি পাবে কি না? তখন নাম মিথ্যা বলে বোধ হবে কি না?

শিষ্য – তা হবে।

স্বামীজী – তা যদি হয়, তবে নাম-রূপ মিথ্যা হয়ে দাঁড়ালো। এরূপে ব্রহ্ম সত্তাই একমাত্র সত্য হয়ে দাঁড়ালো। এই অনন্ত সৃষ্টি বৈচিত্র্যেও তাঁর স্বরূপের কিছুমাত্র পরিবর্তন হয় নি। কেবল তুই এই অজ্ঞানের মন্দান্ধকারে এটা মাগ, এটা ছেলে, এটা আপন, এটা পর ভেবে, সেই সর্ব বিভাসক আত্মার সত্তা বুঝতে পারিসনে। যখন গুরুর উপদেশ ও নিজের বিশ্বাস দ্বারা এই নামরূপাত্মক জগৎটা না দেখে এর মূল সত্তাটাকে কেবল অনুভব করবি, তখনি আব্রহ্মস্তম্ব পর্যন্ত সকল পদার্থে তোর আত্মানুভূতি হবে – তখনি 'ভিদ্যতে হৃদয়গ্রন্থিশ্ছিদ্যন্তে সর্বসংশয়াঃ।'

স্বামীজী – ত্যাগই হচ্ছে আসল কথা – ত্যাগী না হলে কেউ পরের জন্য ষোল আনা প্রাণ দিয়ে কাজ করতে পারে না। ত্যাগী সকলকে সমভাবে দেখে, সকলের সেবায় নিযুক্ত হয়। বেদান্তেও পড়েছিস, সকলকে সমানভাবে দেখতে হবে। তবে একটি স্ত্রী ও কয়েকটি ছেলেকে বেশী আপন বলে ভাববি কেন? তোর দোরে স্বয়ং নারায়ণ কাঙালবেশে এসে অনাহারে মৃতপ্রায় হয়ে পড়ে রয়েছেন, তাঁকে কিছু

না দিয়ে খালি নিজের ও নিজের স্ত্রী-পুত্রদেরই উদর নানাপ্রকার চর্ব্য-চুষ্য দিয়ে পূর্তি করা – সে তো পশুর কাজ।

শিষ্য – মহাশয়, পরার্থে কার্য করিতে সময়ে সময়ে বহু অর্থের প্রয়োজন হয়; তাহা কোথায় পাইব?

স্বামীজী – বলি যতটুকু ক্ষমতা আছে ততটুকুই আগে কর না। পয়সার অভাবে যদি কিছু নাই দিতে পারিস একটা মিষ্টি কথা বা দুটো সৎ উপদেশও তো তাদের শোনাতে পারিস। না – তাতেও তোর টাকার দরকার?

শিষ্য – আজ্ঞে হ্যাঁ, তা পারি।

স্বামীজী – হাঁ পারি, কেবল মুখে বললে হচ্ছে না। কি পারিস – তা কাজে আমায় দেখা। তবে তো জানব আমার কাছে আসা সার্থক। লেগে যা। কদিনের জন্য জীবন? জগতে যখন এসেছিস, তখন একটা দাগ রেখে যা। সকলকে ওই কথা শোনাগে – 'তোমাদের ভেতরে অনন্ত শক্তি রয়েছে, সে শক্তিকে জাগিয়ে তোল।' নিজের মুক্তি নিয়ে কি হবে? মুক্তি কামনাও তো মহা স্বার্থপরতা। ফেলে দে ধ্যান, ফেলে দে মুক্তি-ফুক্তি। আমি যে কাজে লেগেছি, সেই কাজে লেগে যা।

স্বামীজী – বুঝলিনি! প্রথমে অন্ন দান, তারপর বিদ্যা দান, সর্বোপরি জ্ঞান দান।

শিষ্য – আচ্ছা মহাশয়, কামকাঞ্চন ত্যাগ হইলেই কি সব হইল?

স্বামীজী – ও দুটো ত্যাগের পরও অনেক লেঠা আছেন! এই যেমন, তারপর আসেন লোকখ্যাতি! সেটা যে-সে লোক সামলাতে পারে না। লোকে মান দিতে থাকে, নানা ভোগ এসে জোটে। এতেই ত্যাগীদের মধ্যে বার আনা লোক বাঁধা পড়ে। এই যে, মঠ-ফঠ করছি, নানা রকমের পরার্থে কাজ করে সুখ্যাতি হচ্ছে – কে জানে আমাকেই বা আবার ফিরে আসতে হয়।

স্বামীজী – সংসারে রয়েছিস, তাতে ভয় কি? 'অভীরভীরভীর' – ভয় ত্যাগ কর। নাগ মহাশয়কে দেখেছিস তো? – সংসারে থেকেও সন্ন্যাসীর বাড়া! এমনটি বড় একটা দেখা যায় না। গেরস্ত যদি কেউ হয় তো যেন নাগ মহাশয়ের মত হয়। নাগ-মহাশয় পূর্ববঙ্গ আলো করে বসে আছেন। ওদেশের লোকদের বলবি – যেন তাঁর কাছে যায়, তা হলে তাদের কল্যাণ হবে।

সেবা ও পরোপকার

শরীরগত অভাব পূরণ করিয়া অপরকে সাহায্য করা মহৎ কর্ম বটে, কিন্তু অভাব যত অধিক এবং সাহায্য যত সুদূরপ্রসারী, উপকারও তত মহত্তর। যদি চিরকালের জন্য অভাব দূর করিতে পারা যায়, তবে তাহাই মানুষের সর্বোচ্চ সাহায্য বা উপকার। আধ্যাত্ম জ্ঞানই একমাত্র বস্তু, যাহা আমাদের সমুদয় কষ্ট চিরকালের জন্য দূর করিতে পারে। অতএব আধ্যাত্মিক সাহায্য করাই মানুষকে সর্বশ্রেষ্ঠ সাহায্য করা। যিনি মানুষকে পরমার্থ-জ্ঞান প্রদান করিতে পারেন, তিনিই মানুষের শ্রেষ্ঠ উপকারক। আধ্যাত্মিক উপকারের পরই হইতেছে বুদ্ধিবৃত্তির উন্নতি বিষয়ে সাহায্য। অন্নবস্ত্রদান অপেক্ষা জ্ঞানদান উচ্চতর, প্রাণদান অপেক্ষাও উহা মহত্তর, কারণ জ্ঞানই মানুষের প্রকৃত জীবন। ইহার পর অবশ্য শারীরিক অভাবপূরণে সাহায্য করার স্থান। অতএব অপরকে সাহায্য করার বিষয় বিচার করিবার সময় আমরা যেন এই ভ্রমে পতিত না হই যে, শারীরিক সাহায্যই একমাত্র সাহায্য। শারীরিক সাহায্যের স্থান শুধু সর্বশেষে নয়, সর্বনিম্নেও, কারণ ইহা স্থায়ী তৃপ্তি দিতে পারে না। যাহা আমাদিগকে আধ্যাত্মিক-বলসম্পন্ন করে, তাহাই সর্বশ্রেষ্ঠ উপকার; তারপর মানসিক উপকার; তারপর শারীরিক।

আমাদিগকে কার্য করিতে হইবে, সর্বদাই লোকের উপকার করিতে হইবে, কারণ উহা আমাদের পক্ষে মহা সৌভাগ্যস্বরূপ। কেবল এই উপায়েই আমরা পূর্ণ হইতে পারি। কোন দরিদ্রই আমাদের এক পয়সা ধারে না, আমরাই তাহার সব ধারি; কারণ সে আমাদের সমুদয় দয়াশক্তি তাহার উপর ব্যবহার করিতে দিয়াছে। আমরা জগতের কিছু উপকার করিয়াছি বা করিতে পারি, অথবা অমুক অমুক লোককে সাহায্য করিয়াছি, ইহা চিন্তা করা সম্পূর্ণ ভুল। ...আমাদের কৃত উপকারের জন্য কেন আমরা প্রতিদান আশা করিব? যাহাকে তুমি সাহায্য করিতেছে, তাহার প্রতি কৃতজ্ঞ হও, তাহাতে ঈশ্বর-বুদ্ধি কর। মানুষকে সাহায্যরূপ ঈশ্বরোপাসনা করিতে পারা কি আমাদের মহা সৌভাগ্য নহে? ... আসক্তিশূন্য হইয়া কার্য করিলে অশান্তি বা দুঃখ কখনই আসিবে না।

আমাদের সর্বদাই জানা উচিত যে, পরোপকার করিতে যাওয়া এক সৌভাগ্যের কার্য। উচ্চ মঞ্চের উপর দাঁড়াইয়া, ‘দুটো পয়সা নে রে বেটা’ বলিয়া গরীবকে উহা দিও না, বরং তাহার প্রতি কৃতজ্ঞ হও যে, সে গরীব হওয়াতে তাহাকে সাহায্য করিয়া তুমি নিজের উপকার করিতে সমর্থ হইতেছে। যে প্রতিগ্রহ করে, সে ধন্য হয় না, দাতাই ধন্য হয়। তুমি যে তোমার দয়াশক্তি জগতে প্রয়োগ করিয়া আপনাকে পবিত্র ও সিদ্ধ করিতে সমর্থ হইতেছ, তজ্জন্য তুমি কৃতজ্ঞ হও। ভাল কাজই আমাদিগকে পবিত্র ও সিদ্ধ হইতে সহায়তা করে।

লোকে যে কষ্ট পাচ্ছে, তার কারণ তার উপকার করে আমাদের কল্যাণ হবে। অতএব দাতা দান করবার সময় গ্রহীতার সামনে হাঁটু গেড়ে বসুন এবং তাকে ধন্যবাদ দিন, গ্রহীতা সম্মুখে দাঁড়িয়ে থেকে দান করতে অনুমতি দিন। সব প্রাণীর মধ্যে সেই প্রভুকে দর্শন করে

তাকে দান কর। ...প্রকৃতপক্ষে অপরকে করুণার চক্ষে দেখা অজ্ঞানমাত্র, কারণ আমরা করুণা করব কাকে? তুমি ঈশ্বরকে করুণার চক্ষে দেখতে পার কি? আর ঈশ্বর ছাড়া কিছু আছে কি? ঈশ্বরকে ধন্যবাদ দাও যে, তিনি তোমাকে তোমার আত্মোন্নতির জন্য এই জগৎরূপ একটি নৈতিক ব্যায়ামশালা দিয়েছেন, কিন্তু কখনো ভেবো না তুমি এই জগৎকে সাহায্য করতে পারো।

প্রত্যেককেই কার্য করিতে হইবে। এইরূপ কার্য করিবার সময় আমাদের কখনো মনে করা উচিত নয় যে, জগতের অতি ক্ষুদ্র প্রাণীকেও কিছু সাহায্য করিতে পারি; তাহা আমরা পারি না। এই জগৎরূপ শিক্ষালয়ে পরোপকারের দ্বারা আমরা নিজেরাই নিজেদের উপকার করিয়া থাকি। কার্য করিবার সময় এইরূপ ভাব অবলম্বন করাই কর্তব্য। যদি আমরা এইভাবে কার্য করি, যদি আমরা সর্বদাই মনে রাখি যে, কার্য করিতে সুযোগ পাওয়া আমাদের পক্ষে মহা সৌভাগ্যের বিষয়, তবে আমরা কখনো উহাতে আসক্ত হইব না।

সমুদয়-প্রকৃতির চরম লক্ষ্যই মুক্তি, আর মুক্তি কেবল পূর্ণ নিঃস্বার্থপরতা হইতেই লাভ করা যায়। আর প্রত্যেক স্বার্থশূন্য কার্য, প্রত্যেক নিঃস্বার্থ চিন্তা, প্রত্যেক নিঃস্বার্থ বাক্য আমাদিগকে ঐ আদর্শের দিকে লইয়া যায়; সেইজন্যই ঐ কার্যকে নীতিসঙ্গত বলা হয়।

সবচেয়ে বড় পাপ এই স্বার্থপরতা – আগে নিজের ভাবনা ভাবা । যে মনে করে আমি আগে খাইব, আমি অপরের চেয়ে অধিক ঐশ্বর্যশালী হইব, আমি সর্বসম্পদের অধিকারী হইব, যে মনে করে আমি অপরের আগে স্বর্গে যাইব, আমি অপরের আগে মুক্তিলাভ করিব, সেই ব্যক্তি স্বার্থপর। স্বার্থশূন্য ব্যক্তি বলেন– আমি সকলের আগে যাইতে চাই না, সকলের শেষে যাইব, আমি স্বর্গে যাইতে চাই না—যদি

আমার ভ্রাতৃবর্গকে সাহায্য করিবার জন্য নরকে যাইতে হয়, তাহাতেও প্রস্তুত আছি। কেহ ধার্মিক কি অধার্মিক পরীক্ষা করিতে হইলে দেখিতে হইবে, সে ব্যক্তি কতদূর নিঃস্বার্থ। যে অধিক নিঃস্বার্থ, সে-ই অধিক ধার্মিক, সে-ই শিবের সামীপ্য লাভ করে।

আমাদের শাস্ত্রে লিখিত আছে, মানুষ সর্বদা দানশীল হইবে—এমনি কি চরমভাবেও। যদি কোন ব্যক্তি অপরকে সাহায্য করিতে—সেই ব্যক্তির জীবন রক্ষা করিতে গিয়া নিজে অনশনে প্রাণত্যাগ করে, শাস্ত্র বলেন" ইহা অন্যায় নহে, বরং ইহা মানুষের কর্তব্য। বিশেষতঃ ব্রাহ্মণের পক্ষে নিজের মৃত্যুর ভয় না রাখিয়া সম্পূর্ণভাবে দানব্রতের অনুষ্ঠান করা কর্তব্য।

যাঁরা জগতে সবচেয়ে সাহসী ও বরেণ্য, তাঁদের চিরদিন 'বহুজনহিতায়' 'বহু- জনসুখায়' আত্মবিসর্জন করতে হবে। অনন্ত প্রেম ও করুণা বুকে নিয়ে শত শত বুদ্ধের আবির্ভাব প্রয়োজন।

বৈরাগ্যবান ব্যক্তির নিকট আত্মা বলিতে জীবাত্মা বুঝায় না, কিন্তু সর্বব্যাপী সর্বান্তর্যামী সকলের আত্মারূপে অবস্থিত সর্বেশ্বরই বুঝিতে হইবে। তিনি সমষ্টিরূপে সকলের প্রত্যক্ষ। অতএব যখন জীব ও ঈশ্বর স্বরূপতঃ অভিন্ন, তখন জীবের সেবা ও ঈশ্বরে প্রেম দুই একই। বিশেষ এই জীবকে জীববুদ্ধিতে যে সেবা করা হয় তাহা দয়া, প্রেম নহে। আর আত্মবুদ্ধিতে যে জীবের সেবা করা হয় তাহা প্রেম। আত্মা যে সকলেরই প্রেমাস্পদ তাহা শ্রুতি, স্মৃতি, প্রত্যক্ষ—সর্বপ্রকার প্রমাণ দ্বারাই জানা যাইতেছে। এই জন্যই ভগবান শ্রীচৈতন্য যে ঈশ্বরে প্রেম ও জীবে দয়া করিতে উপদেশ করিয়াছিলেন, তাহা যুক্তিযুক্ত। দ্বৈতবাদী ছিলেন বলিয়া তাঁহার এই সিদ্ধান্ত—যাহা জীব ও ঈশ্বরের ভেদ সূচনা করে—তাহা সমীচীনই হইয়াছে। অদ্বৈতনিষ্ঠ আমাদের কিন্তু জীববুদ্ধি

বন্ধনের কারণ। অতএব আমাদের অবলম্বন — প্রেম, দয়া নহে। জীবে প্রযুক্ত 'দয়া' শব্দও আমাদের বোধ হয় জোর করিয়া বলা মাত্র। আমরা দয়া করি না, সেবা করি। কাহাকেও দয়া করিতেছি – এ অনুভব আমাদের নাই, তৎপরিবর্তে আমরা সকলের মধ্যে প্রেমানুভূতি ও আত্মানুভব করিয়া থাকি।

ব্রহ্ম হ'তে কীট পরমাণু, সর্বভূতে সেই প্রেমময়,

মন প্রাণ শরীর অপ'ণ, কর সখে সবার পায়।

বহু রূপে সম্মুখে তোমার, ছাড়ি কোথা খুঁজিছ ঈশ্বর?

জীবে প্রেম করে যেই জন, সেই জন সেবিছে ঈশ্বর।

প্রত্যেক নরনারীকে—সকলকেই ঈশ্বরদৃষ্টিতে দেখিতে থাক। তোমরা কাহাকেও সাহায্য করিতে পার না, কেবল সেবা করিতে পার। প্রভুর সন্তান- দিগকে, যদি সৌভাগ্য হয় তবে স্বয়ং প্রভুকে সেবা কর। যদি প্রভুর অনুগ্রহে তাহার কোন সন্তানের সেবা করিতে পার, তবে তুমি ধন্য হইবে। নিজেদের খুব বড় কিছু ভাবিও না । ধন্য যে তোমরা সেবা করিবার অধিকার পাইয়াছ, অপরে পায় নাই। উপাসনাবোধে ঐটুকু কর। দরিদ্র ব্যক্তিদের মধ্যে আমি যেন ঈশ্বরকে দেখি, নিজ মুক্তির জন্য তাহাদের নিকট গিয়া তাহাদের পূজা করিব- ঈশ্বর তাহাদের মধ্যে রহিয়াছেন। কতকগুলি লোক যে দুঃখ পাইতেছে, তাহা তোমার আমার মুক্তির জন্য — যাহাতে আমরা রোগী, পাগল, কুষ্ঠী, পাপী প্রভৃতি রূপধারী প্রভুর পূজা করিতে পারি। আমার কথাগুলি বড় কঠিন হইতেছে, কিন্তু আমাকে ইহা বলিতেই হইবে। কারণ, তোমার আমার জীবনের ইহাই শ্রেষ্ঠ সৌভাগ্য যে, আমরা প্রভুকে এই সকল বিভিন্ন রূপে সেবা করিতে পারি। কাহারও কল্যাণ করিতে পার-এ

ধারণা ছাড়িয়া দাও। তবে যেমন বীজকে জল, মৃত্তিকা, বায়ু প্রভৃতি তাহার বৃদ্ধির প্রয়োজনীয় জিনিসগুলি যোগাইয়া দিলে উহা নিজ প্রকৃতির নিয়মানুযায়ী যাহা কিছু আবশ্যক গ্রহণ করে এবং নিজের প্রকৃতি অনুযায়ী বাড়িতে থাকে, তোমরাও সেইভাবে অপরের কল্যাণসাধন করিতে পার।

সকল উপাসনার সার—শুদ্ধচিত্ত হওয়া ও অপরের কল্যাণসাধন করা। পবিত্র, দুর্বল, রোগী — সকলেরই মধ্যে যিনি শিব দর্শন করেন, তিনিই যথার্থ শিবের উপাসনা করেন। (আর যে ব্যক্তি কেবল প্রতিমার মধ্যে শিব উপাসনা করে, সে প্রবর্তকমাত্র। যে ব্যক্তি কেবল মন্দিরেই শিব দর্শন করে, তাহার অপেক্ষা যে ব্যক্তি জাতিধর্ম নিবিশেষে একটি দরিদ্রকেও শিববোধে সেবা করে, তাহার প্রতি শিব অধিকতর প্রসন্ন হন।

যিনি পিতার সেবা করিতে ইচ্ছা করেন, তাহাকে আগে তাহার সন্তানগণের সেবা করিতে হইবে। যিনি শিবের সেবা করিতে ইচ্ছা করেন, তাঁহাকে তাঁহার সন্তানগণের সেবা সর্বাগ্রে করিতে হইবে-জগতের জীবগণের সেবা আগে করিতে হইবে। শাস্ত্রে উক্ত হইয়াছে, যাঁহারা ভগবানের দাসগণের সেবা করেন, তাঁহারাই ভগবানের শ্রেষ্ঠ দাস। অতএব এইটি সর্বদা স্মরণ রাখিবে।

পুনরায় বলিতেছি, তোমাদিগকে শুদ্ধচিত্ত হইতে হইবে এবং যে কেহ তোমার নিকট আসিয়া উপস্থিত হয়, যথাসাধ্য তাহার সেবা করিতে হইবে। এই ভাবে পরের সেবা শুভ কর্ম। এই সৎকর্মবলে চিত্ত শুদ্ধ হয় এবং সকলের ভিতরে যে শিব রহিয়াছেন, তিনিই প্রকাশিত হন। তিনি সকলেরই হৃদয়ে বিরাজ করিতেছেন। যদি দর্পণের উপর ধূলি ও ময়লা থাকে, তবে তাহাতে আমরা আমাদের

চেহারা দেখিতে পাই না। আমাদের হৃদয়দর্পণেও এইরূপ অজ্ঞান ও পাপের ময়লা রহিয়াছে।

গেরুয়া কাপড় ভোগের জন্য নহে, মহাকার্যের নিশান — কায়মনোবাক্যে 'জগদ্ধিতায়' দিতে হইবে। পড়েছ, 'মাতৃদেবো ভব, পিতৃদেবো ভব', আমি বলি, 'দরিদ্রদেবো ভব, মূখ দেবো ভব'। দরিদ্র, মূর্খ, অজ্ঞানী, কাতর—ইহারাই তোমার দেবতা হউক, ইহাদের সেবাই পরম ধর্ম জানিবে।

আমি ঈশ্বরকে বিশ্বাস করি, মানুষকে বিশ্বাস করি; দুঃখী দরিদ্রকে সাহায্য করা, পরের সেবার জন্য নরকে যাইতে প্রস্তুত হওয়া— আমি খুব বড় কাজ বলিয়া বিশ্বাস করি।

তোমরা কি মানুষকে ভালবাস? ঈশ্বরের অন্বেষণে কোথায় যাইতেছ? দরিদ্র, দুঃখী, দুর্বল — সকলেই কি তোমার ঈশ্বর নহে? অগ্রে তাহাদের উপাসনা কর না কেন? গঙ্গাতীরে বাস করিয়া পথ খনন করিতেছ কেন? প্রেমের সর্বশক্তি- মত্তার বিশ্বাস কর।

বুদ্ধের পরে এই আবার প্রথম দেখা যাচ্ছে যে, ব্রাহ্মণ-সন্তানেরা অন্ত্যজ বিসূচিকারোগীর শয্যাপার্শ্বে সেবায় নিরত। ... কেবল একটা ভাব আমার মাথার ভিতর ঘুরছিল—ভারতবাসী জনসাধারণের উন্নতির জন্য একটা যত্ন প্রস্তুত ক'রে চালিয়ে দেওয়া। আমি সে বিষয়ে কতকটা কৃতকার্য হয়েছি। তোমার হৃদর আনন্দে উৎফুল্ল হয়ে উঠত যদি তুমি দেখতে আমার ছেলেরা দুর্ভিক্ষ, ব্যাধি ও দুঃখকষ্টের ভেতর কেমন কাজ করছে, কলেরাক্রান্ত 'পারিয়া'র মাদুরের বিছানার পাশে বসে কেমন তাদের সেবা-শুশ্রূষা করছে এবং অনশনক্লিষ্ট চণ্ডালের

মুখে কেমন অন্ন তুলে দিচ্ছে— আর প্রভু আমাকে সাহায্য করছেন, তাদেরও সাহায্য পাঠাচ্ছেন !

ব্যক্তিনিরপেক্ষভাবে কর্তব্যের একটি সংজ্ঞা দেওয়া একেবারে অসম্ভব; এটি কর্তব্য, এটি অকর্তব্য —এরূপ নির্দেশ করিয়া কিছু বলা যায় না। তবে ব্যক্তি (subjective) বা অধ্যাত্মের দিক হইতে কর্তব্যের লক্ষণ নির্ণয় করা যাইতে পারে। যে-কোন কার্য ভগবানের দিকে লইয়া যায়, তাহাই সৎ কার্য, এবং যে-কোন কার্য আমাদিগকে নিম্নদিকে লইয়া যায়, তাহা অসৎ কার্য।

আমাদের কর্তব্য—যে সমাজে আমরা জন্মগ্রহণ করিয়াছি, সেই সমাজের আদর্শ ও কর্মধারা অনুসারে এমন কাজ করা, যাহা দ্বারা আমাদের জীবন উন্নত ও মহৎ হয়।

ভিতরের দিক হইতে দেখিলে কর্তব্যের এই একটি সুনিশ্চিত নিয়ম পাওয়া যায় যে, স্বার্থপরতা ও ইন্দ্রিয়পরতা হইতে পাপ ও অসাধুতার উদ্ভব; আর নিঃস্বার্থ প্রেম ও আত্মসংযম হইতে ধর্মের বিকাশ।

আমাদের কাহাকেও ঘৃণা করা উচিত নয়। এই জগৎ চিরকাল শুভাশুভের মিশ্রণ হইয়াই থাকিবে। আমাদের কর্তব্য—দুর্বলের প্রতি সহানুভূতি প্রকাশ করা এবং অনিষ্টকারীকেও ভালবাসা। এ জগৎ একটি বিরাট নৈতিক ব্যায়ামশালা —এখানে আমাদিগকে সকলকেই অনুশীলন করিতে হইবে, যাহাতে দিন দিন আমরা আরও বেশী আধ্যাত্মিক শক্তি লাভ করিতে পারি।

শেষ পর্যন্ত কর্তব্য বলিতে কি বুঝায়? উহা কেবল দেহ-মনের আবেগ- আসক্তির তাড়না। কোন আসক্তি বদ্ধমূল হইয়া গেলেই আমরা

তাহাকে কত ব্য বলিয়া থাকি। দৃষ্টান্তস্বরূপ যে-সব দেশে বিবাহ নাই, সে-সব দেশে স্বামী-স্ত্রীর মধ্যে কোন কতব্যও নাই। সমাজে যখন বিবাহ-প্রথা প্রচলিত হয়, তখন স্বামী ও স্ত্রী আসক্তিবশতঃ একত্র বাস করে। পুরুষানুক্রমে এরূপ থাকার পর একত্র বাস করা রীতিতে পরিণত হয়। তখন উহা কর্তব্য হইয়া দাঁড়ায়। বলিতে গেলে ইহা একপ্রকার পুরাতন ব্যাধি।

কর্তব্য এই হিসাবে কতকটা ভাল যে, উহা পশুভাব কতক পরিমাণে নিবারণ করে । যাহারা অতিশয় নিম্নাধিকারী, যাহারা অন্য কোনরূপ আদর্শ ধারণা করিতে পারে না, তাহাদের পক্ষে উহা কতক পরিমাণে উপকারী বটে। কিন্তু যাঁহারা কর্মযোগী হইতে ইচ্ছা করেন, তাহাদিগকে কর্তব্যের ভাব একেবারে তাড়াইতে হইবে। তোমার আমার পক্ষে কোন কর্তব্যই নাই। যাহা তোমার জগৎকে দিবার থাকে দাও, কিন্তু কর্তব্য বলিয়া নহে। আমরা সকলেই শুধু তাহার ইচ্ছানুযায়ী কাজ করিতেছি, পুরস্কার বা শাস্তির সহিত আমাদের কোন সম্পর্ক নাই। যদি পুরস্কার পাইতে ইচ্ছা কর, তবে তাহার সহিত তোমাকে শাস্তিও লইতে হইবে । শাস্তি এড়াইবার একমাত্র উপায় — পুরস্কার ত্যাগ করা। দুঃখ এড়াইবার একমাত্র উপায়-সুখের ভাবও ত্যাগ করা, কারণ উভয়ে একসূত্রে প্রথিত।

যে ব্যক্তি নিজেকে ঘৃণা করিতে আরম্ভ করিয়াছে, তাহার অবনতির দ্বার উদ্ঘাটিত হইয়াছে।) জাতি সম্বন্ধেও একথা সত্য। (আমাদের প্রথম কর্তব্য— নিজেকে ঘৃণা না করা। উন্নত হইতে হইলে প্রথমে নিজের উপর, তারপর ঈশ্বরের উপর বিশ্বাস আবশ্যক। যাহার নিজের প্রতি বিশ্বাস নাই, তাহার কখনই ঈশ্বরে বিশ্বাস আসিতে পারে না।

সকল যুগের, সকল সম্প্রদায়ের ও সকল দেশের মানুষ কর্তব্য সম্বন্ধে কেবল একটি ধারণা একবাক্যে স্বীকার করিয়া লইয়াছে, এবং উহা এই সংস্কৃত শ্লোকার্ধে বর্ণিত হইয়াছে: পরোপকারঃ পুণ্যায় পাপায় পরপীড়নম্‌। — পরোপকারে পুণ্য ও পরপীড়নে পাপ হয়।

প্রত্যেক ব্যক্তির কর্তব্য—নিজ আদর্শ জীবনে পরিণত করিতে চেষ্টা করা। অপর ব্যক্তির আদর্শ লইয়া তদনুসারে চরিত্রগঠনের চেষ্টা করা অপেক্ষা ইহাই উন্নতি- লাভ করার অপেক্ষাকৃত নিশ্চিত উপায়। অপরের আদর্শ হয়তো জীবনে কখনই পরিণত করা সম্ভব হইবে না। .. কোন সমাজে সকল নরনারীর মন একধরনের নয়, সকলের ধারণা বা শক্তি বা কর্মশক্তিও একরূপ নয়; তাহাদের আদর্শগুলির কোনটিকেই অবজ্ঞা করিবার অধিকার আমাদের নাই।

যদি কেহ সংসার হইতে দূরে থাকিয়া ঈশ্বরের উপাসনা করিতে যান, তাহার এরূপ ভাবা উচিত নহে যে, যাঁহারা সংসারে থাকিয়া জগতের হিত চেষ্টা করিতেছেন, তাহারা ঈশ্বরের উপাসনা করিতেছেন না; আবার যাঁহারা স্ত্রী-পুত্রাদির জন্য সংসারে রহিয়াছেন, তাঁহারা যেন সংসারত্যাগীদিগকে নীচ ভবঘুরে মনে না করেন। নিজ নিজ ক্ষেত্রে প্রত্যেকেই মহান।

আমাদের অতি নিকটেই যে কর্তব্য রহিয়াছে— যাহা আমাদের হাতের গোড়ায় রহিয়াছে, তাহা উত্তমরূপে নির্বাহ করিয়াই আমরা ক্রমশঃ শক্তিলাভ করিয়া থাকি। এইরূপে ধীরে ধীরে শক্তি বাড়াইতে বাড়াইতে ক্রমে আমরা এমন অবস্থায়ও পৌঁছিতে পারি, যে সময়ে আমরা সমাজে সর্বাপেক্ষা সম্মানজনক কর্তব্য পালন করিবার সৌভাগ্য লাভ করিব। এইটি জানিয়া রাখা ভাল, কারণ প্রতিযোগিতা হইতে ঈর্ষার উৎপত্তি হয় এবং উহা হৃদয়ের সমুদয় সৎ ও কোমল ভাবগুলি

নষ্ট করিয়া ফেলে। যে ক্রমাগত সকল বিষয়ে বিরক্তি প্রকাশ করে, তাহার পক্ষে সকল কর্তব্যই অরুচিকর বলিয়া বোধ হয়। কিছুই তাহাকে কখনো সন্তুষ্ট করিতে পারিবে না, আর তাহার জীবনটা বিফলতায় পর্যবসিত হইবে। এস, আমরা কেবল কাজ করিয়া যাই। যে-কোন কর্তব্য আসুক না কেন, তাহা যেন আমরা সাগ্রহে করিয়া যাইতে পারি—সর্বদাই যেন কর্তব্য সম্পাদনের জন্য সর্বান্তঃকরণে প্রস্তুত থাকিতে পারি। তবে আমরা নিশ্চয়ই আলোক দেখিতে পাইব।

এ সংসারে যখন আমরা আগ্রহ সহকারে কাজ করিতে আরম্ভ করি, তখন চারিদিক হইতে আঘাত আসে, তাহারই সাহায্যে শীঘ্রই আমরা আমাদের যথার্থ মর্যাদা খুজিয়া পাই, বুঝিতে পারি—কোথায় কাহার স্থান। যে যে-কাজের উপযুক্ত নয়, সে দীর্ঘকাল সেই পদে সন্তোষজনক ভাবে থাকিতে পারে না। সুতরাং প্রকৃতি যেরূপ বিধান করে, ইহার বিরুদ্ধে বিরক্তি প্রকাশ করিয়া কোন ফল নাই। ছোট কাজ করিতেছে বলিয়াই যে একজন নিম্নস্তরের মানুষ, তাহা নয়। শুধু কর্তব্যের প্রকৃতি দেখিয়া কাহারও বিচার করা উচিত নয়; যে যেভাবে সেই কর্তব্য নিষ্পন্ন করে, তাহা দ্বারাই তাহার বিচার করিতে হইবে।

সময়োপযোগী কর্তব্য সাধনই শ্রেষ্ঠ পন্থা এবং শুধু কত কর্তব্যবোধে অনুষ্ঠিত হইলে উহাতে বন্ধন আসে না।

যে-কোন আশ্রমের কর্তব্যই হউক না কেন, যথার্থরূপে অনাসক্তভাবে অনুষ্ঠিত হইলে আমরা আত্মজ্ঞান-বিষয়ক চরম অনুভূতি লাভ করিব। আমাদের কর্তব্য প্রধানতঃ আমাদের পারিপার্শ্বিক অবস্থা দ্বারা নির্ধারিত হয়। কর্তব্যের ভিতর কিছু বড় ছোট থাকিতে পারে না। সকাম কর্মীই—তাহার অদৃষ্টে যে কর্তব্য পড়িয়াছে, তাহাতে বিরক্তি

প্রকাশ করে। অনাসক্ত কর্মীর পক্ষে সকল কর্তব্যই সমান এবং ঐগুলিই অমোঘ অস্ত্র হইয়া তাহার স্বার্থপরতা ও ইন্দ্রিয়পরতা বিনষ্ট করে এবং সাধক মুক্তির পথে অগ্রসর হয়।

অনাসক্ত হওয়া, মুক্ত পুরুষের ন্যায় কর্ম করা এবং সমুদয় কর্ম ঈশ্বরে সমর্পণ করাই আমাদের একমাত্র প্রকৃত কর্তব্য। আমাদের সকল কর্তব্যই ঈশ্বরের । আমরা যে জগতে প্রেরিত হইয়াছি, সেজন্য আমরা ধন্য। আমরা আমাদের নির্দিষ্ট কর্ম করিয়া যাইতেছি।

আমাদের বিশ্বাস—প্রত্যেক ব্যক্তির অপর ব্যক্তিকে এইভাবে অর্থাৎ ঈশ্বর ব'লে চিন্তা করা ও তার সহিত তেমন ভাবে ব্যবহারও করা উচিত, কাকেও ঘৃণা করা বা কোনরূপে কারও নিন্দা বা অনিষ্ট করা উচিত নয়। আর এ যে শুধু সন্ন্যাসীর কর্তব্য তা নয়, সকল নর-নারীরই কর্তব্য ।

কেহ কেহ জন্মিয়া অবধি সুখ ভোগ করিতেছে—শরীর সুস্থ ও সুন্দর, মন উৎসাহপূর্ণ, কিছুরই অভাব নাই; আবার কেহ জন্মিয়া অবধি দুঃখ ভোগ করিতেছে —কাহারও হস্তপদ নাই, কেহ বা জড়বুদ্ধি এবং অতি কষ্টে জীবনযাপন করিতেছে। যখন সকলেই এক ন্যায়পরায়ণ করুণাময় ঈশ্বর দ্বারা সৃষ্ট, তখন কেহ সুখী, কেহ দুঃখী হইল কেন? ভগবান কেন এত পক্ষপাতী? যদি বলো যে, যাহারা এ জন্মে দুঃখ ভোগ করিতেছে, পরজন্মে তাহারা সুখী হইবে, তাহাতে অবস্থার কিছুই উন্নতি হইল না। দয়াময় ও ন্যায়পরায়ণ ঈশ্বরের রাজ্যে একজনও কেন দুঃখ- ভোগ করিবে? দ্বিতীয়তঃ, সৃষ্টিকর্তা ঈশ্বরের এই ভাব দ্বারা সৃষ্টির অন্তর্গত অসঙ্গতির কোন ব্যাখ্যা হইল না; পরন্তু এক সর্বশক্তিমান স্বেচ্ছাচারী পুরুষের নিষ্ঠুর আদেশই স্বীকার করিয়া লওয়া হইল। স্পষ্টতই ইহা অবৈজ্ঞানিক। অতএব স্বীকার করিতে হইবে—

সুখী বা দুঃখী হইয়া জন্মিবার পূর্বে নিশ্চয় বহুবিধ কারণ ছিল, যাহার ফলে জন্মের পর মানুষ সুখী বা দুঃখী হয়; তাহার নিজের পূর্বজন্মের কর্মসমূহই সেইসব কারণ।

এই স্থূল শরীরের পশ্চাতে সূক্ষ্মশরীর। এই সূক্ষ্মশরীরও ভৌতিক, তবে উহা খুব সূক্ষ্মভূতে নির্মিত। উহা আমাদের সমুদয় কর্মের আধার স্বরূপ। সমুদয় কর্মের সংস্কার এই সূক্ষ্মশরীরে বর্তমান সংস্কারগুলি সর্বদাই ফল প্রদান করিতে উন্মুখ হইয়া আছে। আমরা যাহা কিছু চিন্তা করি, আমরা যে-কোন কার্য করি, তাহাই পর কিছুকাল পরে সূক্ষ্ম রূপ ধারণ করে,—যেন বীজভাব প্রাপ্ত হয়, এবং এই শরীরে অব্যক্তভাবে অবস্থান করে, কিছুকাল পরে আবার বাহিরে প্রকাশিত হইয়া ফল প্রদান করে। মানুষের সারা জীবনটাই এইরূপ। সে নিজের অদৃষ্ট নিজেই গঠন করে। মানুষ আর কোন নিয়ম দ্বারা বদ্ধ নয়, সে আপনার নিয়মে – আপনার জালে বদ্ধ। আমরা যে-সকল কর্ম করি, আমরা যে-সকল চিন্তা করি, সেগুলি আমাদের বন্ধনজালের সূত্রমাত্র। একবার কোন শক্তিকে চালাইয়া দিলে তাহার শেষ পরিণতি পর্যন্ত আমাদিগকে অবশ্যই ভোগ করিতে হইবে। ইহাই কর্ম- বিধান।

ইচ্ছার প্রকাশ কর্মের অনুরূপ। যে-সকল প্রবল ইচ্ছাশক্তিসম্পন্ন মানব জগতে জন্মিয়াছেন, তাহাদের সকলেই প্রচণ্ড কর্মী ছিলেন। তাহাদের এত ইচ্ছাশক্তি ছিল যে, তাঁহারা জগৎকে ওলট-পালট করিয়া দিতে পারিতেন। ঐ শক্তি তাঁহারা যুগ যুগ ব্যাপী নিরবচ্ছিন্ন কর্ম দ্বারা লাভ করিয়াছিলেন। বুদ্ধ বা যীশুর মতো প্রবল ইচ্ছাশক্তি এক জন্মে লাভ করা যায় না।

আমাদের বর্তমান অবস্থা যদি আমাদের পূর্ব কর্মের দ্বারা নিয়ন্ত্রিত হয়, তবে ইহা নিশ্চিত সিদ্ধান্ত হইবে যে, ভবিষ্যতে আমরা

যাহা হইতে ইচ্ছা করি, আমাদের বর্তমান কর্ম দ্বারাই তাহা হইতে পারি। অতএব আমাদের জানা উচিত কিরূপ কর্ম করিতে হইবে ।... কর্ম কি করিয়া করিতে হয়, জানিলে তবেই কর্ম হইতে সর্বাপেক্ষা ভাল ফল পাওয়া যায়। তোমাদের স্মরণ রাখা উচিত, সকল কর্মের উদ্দেশ্য—মনের ভিতরে পূর্বে হইতে যে শক্তি রহিয়াছে, তাহা প্রকাশ করা, আত্মাকে জাগাইয়া তোলা।

অতি সামান্য কর্মকেও ঘৃণা করা উচিত নয়। যে ব্যক্তি উচ্চতর উদ্দেশ্যে কাজ করিতে জানে না, স্বার্থপর উদ্দেশ্যেই— নামযশের জন্যই কাজ কারুক। প্রত্যেককে সর্বদাই উচ্চ হইতে উচ্চতর উদ্দেশ্যের দিকে অগ্রসর হইতে হইবে, এবং ঐগুলি কি তাহা বুঝিবার চেষ্টা করিতে হইবে। আদর্শ পুরুষ তিনিই, যিনি গভীরতম নির্জনতা ও নিস্তব্ধতার মধ্যে তীব্র কর্মী এবং প্রবল কর্মশীলতার মধ্যে মরুভূমির নিস্তব্ধতা ও নিঃসঙ্গতা অনুভব করেন। তিনি সংযমের রহস্য বুঝিয়াছেন— আত্মসংযম করিয়াছেন। যানবাহন-মুখরিত মহানগরীতে ভ্রমণ করিলেও তাহার মন শান্ত থাকে, যেন তিনি নিঃশব্দ গুহায় রহিয়াছেন অথচ তাঁহার মন তীব্রভাবে কর্ম করিতেছে। কর্মযোগের ইহাই আদর্শ । যদি এই অবস্থা লাভ করিতে পার, তবেই কর্মের প্রকৃত রহস্য অবগত হইবে।

অতিরিক্ত ভাবপ্রবণতা কর্মের পক্ষে অনিষ্টকর। 'যন্ত্রের মতো দৃঢ় অথচ কুসুমের মতো কোমল'—এটিই হচ্ছে সার নীতি।

অসৎকর্ম করিয়া আমরা নিজেদের এবং অন্যেরও অনিষ্ট করি ; সৎকর্ম করিয়া নিজেদের এবং অন্যেরও উপকার করি। অন্যান্য শক্তির ন্যায় মনুষ্যের অভ্যন্তরস্থ এই সদসৎ শক্তিদ্বয়ও বাহির হইতে বল সঞ্চয় করে। ... কৃত কর্ম ফলপ্রসব না করিয়া কখনই নষ্ট হইতে

পারে না; প্রকৃতির কোন শক্তিই উহার ফল প্রসব রোধে করিতে পারে না। কোন অসৎকর্ম করিলে আমি তাহার জন্য ভুগিব ; জগতে এমন কোন শক্তি নাই, যাহা উহাকে রোধ করিতে পারে ; এইরূপ কোন সৎকর্ম করিলেও জগতে কোন শক্তিই উহার শুভফল রোধ করিতে পারে না। কারণ থাকিলে কার্য হইবেই। কিছুই উহাকে বাধা দিতে পারে না।

ঠিকভাবে কাজ করিতে হইলে প্রথমেই আসক্তির ভাব ত্যাগ করিতে হইবে। দ্বিতীয়তঃ, হৈচৈ-পূর্ণ কলহে নিজেকে জড়াইও না; নিজে সাক্ষিস্বরূপ অবস্থিত থাকিয়া কর্ম করিয়া যাও। আমার গুরুদেব বলিয়াছেন, 'নিজ সন্তানদের উপর দাসী বা ধাত্রীর ভাব অবলম্বন কর।' দাসী তোমার শিশুকে লইয়া আদর করিবে, তাহার সহিত খেলা করিবে, অতি যত্নের সহিত লালন করিবে যেন তাহার নিজের সন্তান ; কিন্তু দাসীকে বিদায় দিবামাত্র সে গাঁটরি বাঁধিয়া তোমার বাড়ী হইতে চলিয়া যাইতে প্রস্তুত । এত যে ভালবাসা ও আসক্তি, সবই সে ভুলিয়া যায়।...তুমিও যাহা কিছু তোমার নিজের মনে কর, সে-সবের প্রতি এইরূপ ভাব পোষণ কর । তুমি যেন দাসী, আর যদি ঈশ্বরে বিশ্বাসী হও তবে বিশ্বাস কর যাহা কিছু তোমার মনে কর, সবই তাঁহার।

কর্মযোগী বলেন, স্বর্গে যাইবে বলিয়া যে ভাল কাজ করে, সেও নিজেকে বদ্ধ করিয়া ফেলে। এতটুকু স্বার্থযুক্ত অভিসন্ধি লইয়া যে কাজ করা যায়, তাহা মুক্তির পরিবর্তে আমাদের চরণে আর একটি শৃঙ্খল পরাইয়া দেয়। যদি আমরা মনে করি, এই কর্মদ্বারা আমরা স্বর্গে যাইব, তাহা হইলে আমরা স্বর্গনামক একটি স্থানে আসক্ত হইব । আমাদিগকে স্বর্গে গিয়া স্বর্গসুখ ভোগ করিতে হইবে: উহা আমাদের পক্ষে আর একটি বন্ধনস্বরূপ হইবে। অতএব একমাত্র উপায়—সমুদয়

কর্মের ফল ত্যাগ করা, অনাসক্ত হওয়া। আমরা অভিসন্ধি-শূন্য হইয়া যে- কোন ভাল কাজ করি, তাহা আমাদের পায়ে একটি নূতন শৃঙ্খল সৃষ্টি না করিয়া যে-শৃঙ্খলে আমরা বদ্ধ রহিয়াছি, তাহারই একটি শিকলি ভাঙ্গিয়া নেয়। আমরা প্রতিদানে কিছু পাইবার আশা না করিয়া যে-কোন সৎচিন্তা চারিদিকে প্রেরণ করি, তাহা সঞ্চিত হইয়া থাকিবে, আমাদের বন্ধন-শৃঙ্খলের একটি শিকলি চূর্ণ করিবে এবং আমরা ক্রমশই পবিত্র হর হইতে থাকি—যতদিন না পরিচতম মানবে পরিণত হই।

যে কর্মের দ্বারা এই আত্মভাবের বিকাশ হয়, তাহাই কর্ম। যদ্দারা অনাত্মভাবের বিকাশ, তাহাই অকর্ম।

কার্যের ভিতরে যত কম আগ্রহ বা কামনা থাকে, আমরা তাই সুন্দরভাবে কার্জ করিতে সমর্থ হই । আমরা যতই শান্ত হই, ততই আমাদের নিজেদের মঙ্গল, ততই আমরা আরও বেশি কাজ করিতে পারি। যখন আমরা ভাবাবেশে পরিচালিত হই, তখনই আমাদের শক্তির বিশেষ অপব্যয় হয়, আমাদের স্নায়ুমণ্ডলী বিকৃত হয়, মন চঞ্চল হইয়া উঠে, কিন্তু কার্য খুব কমই হয়। যে-শক্তি কার্যরূপে পরিণত হওয়া উচিত ছিল, তাহা শুধু হৃদয়াবেগেই পর্যবসিত হয় । মন যখন খুব শান্ত ও স্থির থাকে, কেবল তখনই আমাদের সমদেয় শক্তিটুকু সৎকার্যে নিয়োজিত হইয়া থাকে । যদি তোমরা জগতে বড় বড় কর্মকুশল ব্যক্তির জীবনী পাঠ কর, দেখিবে তাঁহারা অদ্ভুত শান্তপ্রকৃতির লোক ছিলেন। কিছুই তাহাদের চিত্তের সমতা নষ্ট করিতে পারিত না। এইজন্য যে-ব্যক্তি সহজেই রাগিয়া যায়, সে বড় একটা কাজ করিতে পারে না, আর যে কিছুতেই রাগে না, সে সর্বাপেক্ষা বেশি কাজ

করিতে পারে। ... কেবল শান্ত, ক্ষমাশীল, স্থিরচিত্ত ব্যক্তিই সর্বাপেক্ষা বেশি কাজ করিয়া থাকেন।

চালাকি দ্বারা কোনও মহৎ কার্য হয় না। প্রেম, সত্যানুরাগ ও মহাবীর্যের সহায়তায় সকল কার্য সম্পন্ন হয়। 'তৎ কুরু পৌরুষম্'— সুতরাই পৌরুষ প্রকাশ কর। নির্বিশেষ আত্মার দর্শন কিন্তু কর্মের দ্বারা হয় না । কারণ আত্মজ্ঞানপিপাসুর পক্ষে বিধান এই যে, সাধনাদি কর্ম করবে অথচ তাহার ফলাফলে উদাসীন থাকবে । তবেই হল, ঐ সব সাধনাদি কর্ম সাধকের চিত্তশুদ্ধির কারণ ভিন্ন আর কিছুই নয়।

কর্মের দ্বারা চিত্ত শুদ্ধ হয়, সুতরাং কর্ম বিদ্যা বা জ্ঞানের সহায়ক। বৌদ্ধদের মতে মানুষ ও জীবজন্তুর হিতসাধনই একমাত্র কর্ম ; ব্রাহ্মণদের মতে উপাসনা ও সর্বপ্রকার যাগযজ্ঞাদি-অনুষ্ঠানও ঠিক সেইরূপ কর্ম এবং চিত্তশুদ্ধির সহায়ক। শঙ্করের মতে 'শুভাশুভ সর্বপ্রকার কর্মই জ্ঞানের প্রতিবন্ধক।' যে-সকল কর্ম অজ্ঞানের দিকে লয়ে যায়, সেগুলো পাপ-সাক্ষাৎ, সম্বন্ধে নয়, কিন্তু কারণস্বরূপে, যেহেতু সেগুলোর দ্বারা রজঃ ও তমঃ বেড়ে যায়। সত্ত্বের দ্বারাই কেবল জানলাভ হয় । পুণ্য ও শুভকর্মের দ্বারা জ্ঞানের আবরণ দূর হয়, আর কেবল জ্ঞানের দ্বারাই আমাদের ঈশ্বরদর্শন হয়।

শরীরধারণ করে সর্বক্ষণ একটা কিছু না করে থাকতে পারা যায় না। জীবকে দিন যখন কর্ম করতেই হচ্ছে, তখন যেভাবে কর্ম করলে আত্মার দর্শন পেয়ে মঞ্জিলাভ হয়. সেভাবে কর্ম করতেই নিষ্কাম কর্মযোগে বলা হয়েছে।

শাস্ত্র আমাদিগকে অবিরত কর্ম করিতে বলিতেছেন। শুভাশুভ উভয়ই নিজ নিজ ফল প্রসব করিবে। শুভকর্মের ফল শুভ, অশুভ

কর্মের ফল অশুভ হইবে; কিন্তু এই শুভাশুভ উভয়ই আত্মার বন্ধন। গীতায় ইহার এই মীমাংসা করা হইয়াছে যে, যদি আমরা কর্মে আসক্ত না হই, তবে কর্ম আমাদের বন্ধন হইতে পারিবে না।

কর্মের দ্বারা মুক্তিলাভ করতে হ'লে নিজেকে কর্মে নিযুক্ত কর, কিন্তু কোন কামনা করো না- ফলাকাঙ্ক্ষা যেন তোমার না থাকে। এইরূপ কর্মের দ্বারা জ্ঞানলাভ হয়ে থাকে—ঐ জ্ঞানের দ্বারা মুক্তি হয়। জ্ঞানলাভ করবার পূর্বে কর্ম ত্যাগ করলে তাতে দুঃখই এসে থাকে। 'আত্মা'র জন্য কর্ম করলে তা থেকে আকাঙ্ক্ষাও করো না; কোন বন্ধন আসে না। কর্ম থেকে সুখের আবার কর্ম করলে কষ্ট হবে—এ ভয়ও করো না। ..সমুদয় কর্ম ভগবানে অর্পণ কর। সংসারে থাকো, কিন্তু সংসারের হয়ে যেও না-পদ্মপত্রের মূল যেমন পাকের মধ্যে থাকে কিন্তু তা যেমন সদাই শুদ্ধ থাকে, সেইরূপ লোকে তোমার প্রতি যেরূপ ব্যবহার করুক না, তোমার ভালবাসা যেন কারও প্রতি কম না হয়।

কর্মের ফলে যদি তোর দৃষ্টি না থাকে এবং সকল প্রকার কামনা-বাসনার পারে যাবার যদি তোর একান্ত অনুরাগ থাকে, তাহলে ঐ সব সৎকাজ তোর কর্ম - বন্ধন-মোচনেই সহায়তা করবে। ঐরূপ কর্মে বন্ধন আসবে! —ওকথা তুই কি বলছিস? এরূপ পরার্থে কর্মই কর্মবন্ধনের মূলোৎপাটনের একমাত্র উপায়। 'নান্যঃ পন্থা বিদ্যতেহয়নায়।'

যা-হোক ব্রহ্মবিকাশের সাহায্য করে, তাই ভাল কাজ। সব কাজই প্রত্যক্ষ না হোক, পরোক্ষভাবে আত্মতত্ত্ব-বিকাশের সহায়কারী ভাবে করা যায়। তবে ঋষিপ্রচলিত পথে চললে ঐ আত্মজ্ঞান শীগগির ফুটে বেরোয়।

স্বামীজী একজন শিষ্যকে বলিতে লাগিলেন, "ঠাকুরের দেহ যাবার পর একদিন শুনলুম, নাগ মহাশয় চার-পাঁচ দিন উপোস করে তাঁর কলকাতার খোলার ঘরে পড়ে আছেন; আমি, হরি ভাই ও আর কে একজন মিলে তো নাগ মহাশয়ের কুটিরে গিয়ে হাজির; দেখেই লেপমুড়ি ছেড়ে উঠলেন। আমি বললুম, 'আপনার এখানে আজ ভিক্ষা পেতে হবে।' অমনি নাগ মহাশয় বাজার থেকে চাল, হাঁড়ি, কাঠ প্রভৃতি এনে রাঁধতে শুরু করলেন। আমরা মনে করেছিলুম-আমরাও খাব, নাগ মহাশয়কেও খাওয়াব। রান্না-বান্না করে তো আমাদের দেওয়া হলো; আমরা নাগ মহাশয়ের জন্য সব রেখে দিয়ে আহারে বসলুম। আহারের পর, ওঁকে খেতে যাই অনুরোধ করা আর তখনি ভাতের হাঁড়ি ভেঙে ফেলে কপালে আঘাত করে বলতে লাগলেন, 'যে দেহে ভগবান-লাভ হলো না, সে দেহকে আবার আহার দিব?' আমরা তো দেখেই অবাক। অনেক করে পরে কিছু খাইয়ে তবে আমরা ফিরে এলুম।"

দ্বিতীয় অধ্যায়

কর্মফল ও সংস্কার

সুখ- দুঃখের সূক্ষ্ম কারন বা পঞ্চ ক্লেশ ও কর্ম চক্র

পঞ্চ মহাযজ্ঞ - কর্মযোগ অভ্যাসের সাধন

Nobel prize Lecture - Mother Teresa.

জগতের হিতসাধন

নিঃস্বার্থপরতাই সাফল্য আনবে

কর্ম সম্পর্কে শ্রীকৃষ্ণ ও অর্জুন কথোপকথন

কর্মযোগ অনুশীলন করব কেন?

কর্মযোগের বিপদাশঙ্কা

কর্মফল ও সংস্কার

‘অবশ্যমেব ভোক্তব্যং কর্মাকর্ম শুভাশুভম্।’

কর্ম ভালই হোক বা মন্দই হোক অবশ্যই তার ফল ভোগ করতে হইবে।

“কর্মণা সুখমশ্নাতি দুঃখমশ্নাতি কর্মণা।

জায়ন্তে চ প্রলীয়ন্তে বর্ততে কর্মনো বশাৎ ॥।”

মানুষেরা কর্ম দ্বারা সুখ ভোগ করে, কর্মদ্বারাই দুঃখভোগ করে, কর্মবশেই তাহারা জন্মগ্রহণ করে, কর্মদ্বারা শরীর ধারণ করিয়া থাকে এবং কর্মবশেই মৃত্যুমুখে পতিত হয়।

“কর্মদোষেন দারিদ্রতা” – একথা মহামতি চাণক্য বলেছেন।

“প্রকৃতিই সর্বদা প্রত্যেকের কর্মানুযায়ী ন্যায় সঙ্গত ফলবিধান করিয়া থাকে তাহার একচুলও এদিক ওদিক হইবার নয়। সেইজন্য আমরা স্বীকার করিতে ইচ্ছুক না হইলেও প্রকৃতপক্ষে আমাদের কর্মফল

"

অনুসারেই আমাদের কর্তব্য নির্দিষ্ট হইয়া থাকে। আমাদের অতি নিকটেই যে কর্ত্তব্য রহিয়াছে - যাহা আমাদের হাতের গোড়ায় রহিয়াছে - তাহা উত্তমরূপে নির্বাহ করিয়াই আমরা ক্রমশ শক্তি লাভ করিয়া থাকি। এইরূপে ধীরে ধীরে শক্তি বাড়াইতে বাড়াইতে ক্রমে আমরা এমন অবস্থায় পৌঁছাইতে পারি, যে সময়ে আমরা সমাজে সর্বাপেক্ষা সম্মানজনক কর্তব্য পালন করিবার সৌভাগ্য লাভ করিব।” - স্বামীজী

“আমাদের অতিনিকটেই যে কর্তব্য রহিয়াছে - যাহা এখন আমাদের হাতে আছে, তাহা উত্তরূপে সম্পাদন করিয়াই আমরা ক্রমশ শক্তিলাভ করি। এইরূপে ধীরে ধীরে শক্তি বৃদ্ধি করিয়া আমরা এমন অবস্থায় উপনীত হইতে পারি যে, জীবনে ও সমাজে সর্বাপেক্ষা লোভনীয় ও সম্মানজনক কর্তব্য সম্পাদনের গৌরব ও অধিকার আমরা লাভ করিব।” - স্বামী বিবেকানন্দ

‘আমাদের বর্তমান অবস্থার জন্য আমরাই দায়ী, এবং আমরা যাহা হইতে ইচ্ছা করি, তাহা হইবার শক্তিও আমাদের আছে। আমাদের বর্তমান অবস্থা যদি আমাদের পূর্ব কর্মের দ্বারা নিয়ন্ত্রিত হয়, তবে ইহাই নিশ্চিত সিদ্ধান্ত হইবে যে, ভবিষ্যতে আমরা যাহা হইতে ইচ্ছা করি, আমাদের বর্তমান কর্ম দ্বারাই তাহা হইতে পারি।

‘আমরা যাহা পাইবার যোগ্য, তাহাই পাইয়া থাকি। অহঙ্কার ত্যাগ করিয়া ইহাই যেন আমরা উপলব্ধি করি সঙ্গত কারণ ছাড়া কেহ কখনও দুঃখগ্রস্ত হয় না। কখনও কোন আঘাত অকারণে আসে নাই; কখনও এমন কোন অকল্যাণ সংগঠিত হয় নাই, যাহার জন্য আমি নিজ হস্তে পথ প্রস্তুত করি নাই। ইহাই আমাদের জানিতে হইবে। নিজেদের বিশ্লেষণ করিলে দেখিতে পাইবে, যে কোন আঘাত পাইয়াছে, তাহার জন্য নিজেদের প্রস্তুত করিয়াছিলে বলিয়াই তাহা

তোমাদের নিকট উপস্থিত হইয়াছিল। তোমরা করিয়াছ অর্ধেক প্রস্তুতি, বাকি অর্ধেক করিয়াছে বহির্জগৎ। এই প্রকারেই আঘাত আসিয়াছিল। এই উপলব্ধিই আমাদের শান্ত করিবে।

একই সঙ্গে এই বিশ্লেষণ হইতেই একটি আশার বাণী আসিবে এবং সেই আশার বাণী এইরূপ: বাহ্য প্রকৃতির উপর আমার কোন প্রভাব নাই । কিন্তু যাহা আমার ভিতরে, যাহা আমার নিকটতর অর্থাৎ আমার নিজস্ব জগৎ, তাহা আমার নিয়ন্ত্রণাধীন। জীবনে ব্যর্থতা ঘটাইতে যদি উভয়েরই প্রয়োজন হয়, আমাকে আঘাত দিতে যদি উভয়েরই আবশ্যক হয়, তাহা হইলে এই দুইটির মধ্যে যাহা আমার হাতে, তাহা আমি ছাড়িয়া দিব না; এক্ষেত্রে কেমন করিয়া আঘাত আসিতে পারে? আমি যদি নিজের উপর যথার্থ প্রভাব বিস্তার করিতে পারি, তাহা হইলে আঘাত কখনই আসিবে না।" - স্বামীজী

"যাহারা নিজেদের দুঃখ কষ্টের জন্য অপরের উপর দোষারোপ করে - দুঃখের বিষয়, এমন লোকের সংখ্যাই দিন দিন বাড়িতেছে তাহারা সাধারণত হতভাগ্য দুর্বলমস্তিষ্ক লোক ; তাহারা নিজেদের কর্মদোষে এই অবস্থায় আসিয়া পড়িয়াছে, এখন তাহার অন্যের উপর দোষারোপ করিতেছে, কিন্তু তাহাতে তাহাদের অবস্থায় কিছুমাত্র পরিবর্তন হয় না; বিন্দুমাত্র উপকার হয় না, বরং অপরের ঘাড়ে দোষ চাপাইবার এই চেষ্টা তাহাদিগকে আরও দুর্বল করিয়া ফেলে। অতএব তোমার নিজের দোষের জন্য কাহাকেও নিন্দা করিও না, নিজের পায়ে নিজে দাঁড়াও, সমুদয় দায়িত্ব নিজস্কন্ধে গ্রহণ কর। বল, আমি যে কষ্ট ভোগ করিতেছি, তাহা আমারই কৃতকর্মের ফল। ইহাদ্বারা প্রমাণিত হয় যে, আমার দ্বারাই এই দুঃখকষ্ট দূরীভূত হইবে। আমি যাহা সৃষ্টি করিয়াছি, তাহা আমিই ধ্বংস করিতে পারি, অপরে যাহা সৃষ্টি

করিয়াছে, তাহা কখনও আমি ধ্বংস করিতে সমর্থ হইব না। অতএব উঠ, সাহসী হও, বীর্যবান হও। সব দায়িত্ব নিজের উপর গ্রহণ কর জানিয়া রাখ, তুমিই তোমার অদৃষ্টের সৃষ্টিকর্তা। তুমি যে পরিমান সন্ধি বা সহায়তা চাও তাহা তোমার ভিতরেই রহিয়াছে। অতএব তুমি এখন এই মান বলে বলিয়ান হইয়া নিজের ভবিষ্যৎ গঠন করিতে থাক। 'গতস্য শোচনা নাস্তি' - অনন্ত ভবিষ্যৎ তোমার সম্মুখে। সর্বদা মনে রাখিও তোমার প্রত্যেক চিন্তা, প্রত্যেক কার্যই সঞ্চিত থাকিবে; ইহাও স্মরণ রাখিবে, তোমার কৃত প্রত্যেক চিন্তা ও অসৎ কার্য তোমার উপর ব্যাঘ্রের মতো লাফাইয়া পড়িতে উদ্যত, তেমনি তোমার সৎ চিন্তা ও সৎ কার্যগুলি সহস্র দেবতার শক্তি লইয়া সর্বদা তোমাকে রক্ষা করিতে সচেষ্ট।

"পর্বতগুহায় বসিয়াও যদি তুমি পাপ চিন্তা করিয়া থাকো, যদি কাহারও প্রতি অন্তরে ঘৃণা প্রকাশ করিয়া থাকো তাহা হইলে তাহাও সঞ্চিত থাকিবে, কালে আবার তাহা তোমার উপর প্রতিঘাত করিবে, একদিন না একদিন কোন না কোন প্রকার দুঃখের আকারে ইহা প্রবলবেগে তোমাকে আক্রমণ করিবে। তুমি যদি ঈর্ষা ও ঘৃণার ভাব পোষণ কর এবং ঐ ভাব চতুর্দিকে প্রেরণ কর, তবে বর্ধিতভাবে উহা তোমার নিকট ফিরিয়া আসিবে। জগতের কোন শক্তি উহা নিবারণ করিতে পারিবে না। তুমি যখন একবার ঐ শক্তি প্রেরণ করিয়াছ, তখন অবশ্য তোমাকে উহার প্রতিঘাত সহ্য করিতে হইবে। এইটি স্মরণ করিলে তুমি অসৎকার্য হইতে নিবৃত্ত হইবে।

'আমরা যে কোন কর্ম করি আমাদের প্রত্যেক অঙ্গ-সঞ্চালন, আমাদের প্রত্যেক চিন্তা চিত্তের উপর এইরূপ সংস্কার রাখিয়া যায়; যখন সংস্কারগুলি উপরিভাগে থাকে না, তখনও এত প্রবল থাকে যে,

তাহারা অবচেতন মনে অজ্ঞাতসারে কর্ম করিতে থাকে। আমরা প্রতি মুহূর্তে যাহা, তাহা আমাদের মনের উপর এই সংস্কার সৃষ্টির দ্বারা নিরূপিত হয়। এই মুহূর্তে আমার 'আমি' বলিতে যাহা বুঝায়, তাহা আমার অতীত জীবনের সংস্কার-সৃষ্টির ফল মাত্র। ইহাকেই প্রকৃতপক্ষে 'চরিত্র' বলে। প্রত্যেক ব্যক্তির চরিত্র এই সংস্কার-সমষ্টির দ্বারা নিরূপিত হয়। যদি শুভ সংস্কারগুলি প্রবল হয়, তবে চরিত্র সৎ হয়; অসৎ সংস্কারগুলি প্রবল হইলে চরিত্র অসৎ হয়। যদি কোন ব্যক্তি সর্বদা মন্দ কথা শোনে, মন্দ চিন্তা করে, মন্দ কাজ করে, তাহার মন মন্দ সংস্কারে পূর্ণ হইয়া যাইবে এবং এইগুলিই অজ্ঞাতসারে তাহার কর্ম ও চিন্তাকে প্রভাবিত করিবে। বাস্তবিক পক্ষে এই মন্দ সংস্কারগুলি সর্বদাই কাজ করিতেছে, সুতরাং ইহাদের ফলও মন্দ হইবে এবং ঐ ব্যক্তি একটি মন্দ লোক হইয়া দাঁড়াইবে – সে ঐরূপনা হইয়া পারে না। তাহার মনের এই সংস্কার-সমষ্টি মন্দ কাজ করিবার প্রবল প্রেরণা শক্তি উৎপন্ন করিবে। এই সংস্কারগুলির হাতে সে যন্ত্রতুল্য হইবে, এগুলি তাহাকে জোর করিয়া মন্দ কার্যে প্রবৃত্ত করিবে। এইরূপে যদি কেহ ভাল বিষয়ে চিন্তা করে এবং ভাল কাজ করে, সংস্কারগুলির সমষ্টি ভালই হইবে এবং অনুরূপভাবে ঐগুলি অনিচ্ছা সত্ত্বেও ঐ ব্যক্তিকে সৎকার্যে প্রবৃত্ত করিবে। যখন মানুষ এত বেশি ভাল কাজ করে এবং এত বেশি সৎ চিন্তা করে যে, অনিচ্ছা সত্ত্বেও তাহার প্রকৃতিতে সৎ কার্য করিবার অদম্য ইচ্ছা জাগ্রত হয়, তখন সে কোন অন্যায় কার্য করিতে ইচ্ছা করিলেও ঐ সকল সংস্কারের সমষ্টি স্বরূপ তাহার মন তাহাকে উহা করিতে দিবে না, সংস্কারগুলিই তাহাকে মন্দ কার্য হইতে ফিরাইয়া আনিবে; সে তখন তাহার সৎ সংস্কারগুলি দ্বারা সম্পূর্ণরূপে প্রভাবিত হয়। যখন এইরূপ হয়, তখনই সেই ব্যক্তির চরিত্র গঠিত হইয়াছে বলা যায়।

সুখ- দুঃখের সূক্ষ্ম কারন বা পঞ্চ ক্লেশ ও কর্ম চক্র

মহর্ষি পতঞ্জলির 'যোগ দর্শন' এর অন্তর্গত 'সাধনপাদ' নামক অধ্যায় থেকে নিম্নের অংশটি সংগৃহীত। প্রতিটি শ্লোকের অনুবাদ ও ব্যখ্যা স্বামী বিবেকানন্দ দ্বারা কৃত।

অবিদ্যাহস্মিতারাগদ্বেষোভিনিবেশঃ পঞ্চক্লেশাঃ।।৩।।

অবিদ্যা, অস্মিতা, রাগ, দ্বেষ ও অভিনিবেশ (জীবনে আসক্তি) এইগুলিই পঞ্চক্লেশ।

ইহারাই পঞ্চ ক্লেশ, ইহারা পঞ্চবন্ধনরূপে আমাদিগকে বদ্ধ করিয়া রাখে। অবশ্য অবিদ্যাই কারণ এবং অন্য চারিটি ফল। অবিদ্যাই আমাদের দুঃখের একমাত্র কারণ। আর কাহার শক্তি আছে যে, আমাদিগকে এইরূপ দুঃখ দেয়? আত্মা নিত্য আনন্দস্বরূপ; আত্মাকে অজ্ঞান, ভ্রম বা মায়া ব্যতীত আর কোন্ বস্তুদুঃখী করিতে পারে? আত্মার এই সমুদয় দুঃখই কেবল ভ্রমমাত্র।

অবিদ্যা ক্ষেত্রমুত্তরেষাং প্রসুপ্ততনুবিচ্ছিন্নোদারাণাম্ ॥৪॥

অবিদ্যাই পরবর্তীগুলির উৎপাদক ক্ষেত্র; এগুলি কখন লীন (সুপ্ত) ভাবে, কখন সূক্ষ্মভাবে, কখন অন্য বৃত্তি দ্বারা বিচ্ছিন্ন অর্থাৎ অভিভূত হইয়া থাকে, কখন বা প্রকাশিত (বিস্তারিত) থাকে।

অবিদ্যাই অস্মিতা, রাগ, দ্বেষ ও অভিনিবেশের (জীবনে আসক্তির কারণ। ঐ সংস্কারগুলি আবার বিভিন্ন লোকের মনে বিভিন্ন অবস্থায় থাকে। কখন ঐগুলি সুপ্ত ভাবে থাকে। তোমরা অনেক সময় 'শিশুতুল্য নিরীহ' এই বাক্য শুনিয়া থাকো, কিন্তু এই শিশুর ভিতরেই হয়তো দেবতা বা অসুরের ভাব রহিয়াছে। ঐ ভাব ক্রমশঃ প্রকাশ পাইবে। যোগীর হৃদয়ে পূর্বকর্মের ফলস্বরূপ ঐ সংস্কারগুলি 'তনু' (সূক্ষ্ম) ভাবে থাকে। ইহার তাৎপর্য এই, ঐগুলি খুব সূক্ষ্ম অবস্থায় থাকে ; যোগী ঐগুলি দমন করিয়া রাখিতে পারেন - যাহাতে উহারা ব্যক্ত হইতে না পায়। বিচ্ছিন্ন অবস্থায় কতকগুলি প্রবল সংস্কার অন্য

কতকগুলি সংস্কারকে কিছুকালের জন্য অভিভূত বা আচ্ছন্ন করিয়া রাখে, কিন্তু যখনই ঐ কারণগুলি চলিয়া যায়, তখনই আবার অন্য সংস্কারগুলি প্রকাশিত হইয়া পড়ে। এই শেষ অবস্থাটির নাম 'উদার' (বিস্তৃত)। এই অবস্থায় সংস্কারগুলি অনুকূল পরিবেশ পাইয়া শুভ বা অশুভরূপে প্রবলভাবে কার্য করিতে থাকে।

অনিত্যাশুচিদুঃখানাত্মস নিত্য-শুচি-সুখাত্মখ্যাতিরবিদ্যা॥৫॥

অনিত্য, অপবিত্র, দুঃখকর ও আত্মা ভিন্ন পদার্থে যে নিত্য, শুচি, সুখকর ও আত্মা বলিয়া ভ্রম হয়, তাহাকে অবিদ্যা বলে।

এই সমুদয় সংস্কারের একমাত্র কারণ অবিদ্যা। আমাদের প্রথমে জানিতে হইবে, এই অবিদ্যা কি। আমরা সকলেই মনে করি, 'আমি শরীর শুদ্ধ জ্যোতির্ময় নিত্যআনন্দস্বরূপ আত্মা নই' ইহাই অবিদ্যা। আমরা মানুষকে শরীর বলিয়াই ভাবি এবং সেই ভাবেই দেখি, ইহা মহা ভ্রম।

দৃগদর্শনশক্ত্যোরেকাতমতৈবাহংস্মিতা ॥৬॥

দ্রষ্টা ও দর্শনশক্তির একাত্মতাই অস্মিতা।

আত্মাই যথার্থ দ্রষ্টা, তিনি শুদ্ধ, নিত্যপবিত্র, অনন্ত ও অমর। আর 'দর্শনশক্তি' অর্থাৎ উহার ব্যবহার্য যন্ত্র কি কি? চিত্ত, বুদ্ধি অর্থাৎ নিশ্চয়াত্মিকা বৃত্তি মন ও ইন্দ্রিয়গণ – এইগুলি আত্মার যন্ত্র। এইগুলি তাঁহার বাহ্য জগৎ দেখিবার যন্ত্রস্বরূপ, আর আত্মার সহিত ঐগুলির একীভাবকে অস্মিতারূপ অবিদ্যা বলে। আমরা বলিয়া থাকি, 'আমি চিত্ত', 'আমি চিন্তা', 'আমি রুষ্ট হইয়াছি', অথবা 'আমি সুখী।' কিন্তু কিরূপে আমরা রুষ্ট হইতে পারি বা কাহাকেও ঘৃণা করিতে পারি? আত্মার সহিত নিজেকে অভেদ জানিতে হইবে। আত্মার তো কখন পরিণাম হয় না। আত্মা যদি অপরিণামী হন, তবে তিনি কিরূপে কখনও সুখী, কখনও দুঃখী হইতে পারেন? তিনি নিরাকার, অনন্ত ও সর্বব্যাপী। কে তাঁহাকে পরিবর্তিত করিতে পারে? আত্মা সর্ববিধ নিয়মের অতীত। কে তাঁহাকে বিকৃত করিতে পারে? জগতের কোন কিছুই আত্মার উপর কোন কার্য করিতে পারে না। তথাপি আমরা অজ্ঞতাবশতঃ নিজদিগকে মনোবৃত্তির সহিত একীভূত করিয়া ফেলি এবং সুখ বা দুঃখ অনুভব করিতেছি মনে করি।

সুখানুশয়ী রাগঃ ॥৭॥

যে মনোবৃত্তি কেবল সুখকর পদার্থের উপর থাকিতে চায়, তাহাকে রাগ বলে।

আমরা কোন কোন বিষয়ে সুখ পাইয়া থাকি; যে সব বিষয়ে আমরা সুখ পাই, সেগুলির দিকে মন একটি প্রবাহের মতো প্রবাহিত হইতে থাকে। সুখ কেন্দ্রের দিকে ধাবমান আমাদের মনের ঐ

প্রবাহকেই 'রাগ বা আসক্তি' বলে। আমার যাহাতে সুখ পাই না, এমন কোন বিষয়ে আমরা কখনই আকৃষ্ট হই না। অনেক সময়ে আমরা নানা প্রকার অদ্ভুত বিষয়ে সুখ পাইয়া থাকি, তাহা হইলেও রাগের যে লক্ষণ দেওয়া গেল, তাহা সর্বত্রই খাটে। আমরা যেখানে সুখ পাই, সেখানেই আকৃষ্ট হই।

দুঃখানুশয়ী দ্বেষঃ ॥৮॥

দুঃখকর পদার্থের উপর পুনঃপুনঃ স্থিতিশীল অন্তঃকরণবৃত্তিবিশেষকে দ্বেষ বলে।

যাহাতে আমরা দুঃখ পাই, তাহা তৎক্ষণাৎ ত্যাগ করিবার চেষ্টা পাই ।

স্বরসবাহী বিদুষোঽপি তথারূঢ়োঽভিনিবেশঃ ॥৯॥

যাহা পূর্ব পূর্ব মরণানুভব হইতে স্বভাবতঃ প্রবাহিত ও যাহা পণ্ডিত ব্যক্তিতেও প্রতিষ্ঠিত, তাহাই অভিনিবেশ অর্থাৎ জীবনে মমতা।

এই জীবনের প্রতি মমতা প্রত্যেক জীবেই প্রকাশিত দেখিতে পাওয়া যায়। ইহার উপর পরজন্ম সম্বন্ধীয় মত স্থাপন করিবার অনেক চেষ্টা হইয়াছে, মানুষ জীবনকে এত বেশী ভালবাসে বলিয়ে ভবিষ্যতেও সে একটি জীবন আকাঙ্ক্ষা করে। অবশ্য ইহা বলা বাহুল্য যে, এই যুক্তির বিশেষ কোন মূল্য নাই। তবে ইহার মধ্যে সর্বাপেক্ষা অদ্ভুত

ব্যাপার এই যে, পাশ্চাত্য দেশ সমূহের মতে এই জীবনের প্রতি মমতা হইতে যে ভবিষ্যৎ জীবনের সম্ভাব্যতা সূচিত হয়, তাহা কেবল মানুষের পক্ষেই খাটে, অন্যান্য জন্তুর পক্ষে নয়। ভারতবর্ষে জীবনের এই মমতাই পূর্বসংস্কার ও পূর্বজীবন প্রমাণ করিবার অন্যতম যুক্তিস্বরূপ হইয়াছে। মনে কর, যদি সমুদয় জ্ঞানই আমাদের প্রত্যক্ষ অনুভূতি হইতে লাভ হইয়া থাকে, তবে ইহা নিশ্চয় যে, আমরা যাহা কখনও প্রত্যক্ষ অনুভব করি নাই, তাহা কখন কল্পনাও করিতে পারি না বা বুঝিতেও পারি না। কুক্কুটশাবকগণ ডিম্ব হইতে ফুটিবামাত্র খাদ্য খুটিয়া খাইতে আরম্ভ করে। অনেক সময়ে এরূপ দেখা গিয়াছে যে, যখন কুক্কুটী দ্বারা হংসডিম্ব ফুটানো হইয়াছে; তখন হংসশাবক ডিম্ব হইতে বাহির হইবামাত্র জলের দিকে চলিয়া গিয়াছে; কুক্কুটিমাতা মনে করে, শাবকটি বুঝি জলে ডুবিয়া গেল। প্রত্যক্ষ অভিজ্ঞতাই যদি জ্ঞানের একমাত্র উপায় হয়, তাহা হইলে কুক্কুটশাবকগুলি কোথা হইতে খাদ্য খুঁটিতে শিখিল অথবা ঐ হংসশাবকগুলি কোথায় শিখিল জল তাহাদের স্বাভাবিক স্থান ? যদি বলো, ইহা সহজাত জ্ঞান (instinct), তবে তো কিছুই বুঝা গেল না কেবল একটি শব্দ প্রয়োগ করা হইল, ব্যাখ্যা কিছুই হইল না। এই সহজাত জ্ঞান কি? এইরূপ সহজাত জ্ঞান আমাদেরও অনেক আছে। দৃষ্টান্তস্বরূপ আপনাদের মধ্যে অনেক মহিলাই পিয়ানো বাজাইয়া থাকেন; আপনাদের অবশ্য স্মরণ থাকিতে পারে, যখন আপনারা প্রথম শিক্ষা করিতে আরম্ভ করেন, তখন আপনাদিগকে শ্বেত, কৃষ্ণ উভয় প্রকার পর্দায় একটির পর আর একটিতে কত যত্নের সহিত অঙ্গুলি প্রয়োগ করিতে হইত, কিন্তু বহু বৎসরের অভ্যাসের পর এখন আপনারা হয়তো কোন বন্ধুর সহিত কথা কহিতেছেন, সঙ্গে সঙ্গে পিয়ানোর উপর আঙ্গুলগুলি আপনা-আপনি চলিতে থাকিবে। উহা এখন আপনাদের সহজাত জ্ঞানে পরিণত

হইয়াছে, স্বাভাবিক হইয়া পড়িয়াছে। অন্যান্য যে সব কাজ আমরা করিয়া থাকি, সেগুলি সম্বন্ধেও ঐরূপ। অভ্যাসের দ্বারা কোন কাজ স্বাভাবিক হইয়া যায়, স্বয়ংক্রিয় হইয়া যায়। কিন্তু আমরা যতদূর জানি, এখন যে ক্রিয়াগুলিকে স্বভাবজ বলি, সেগুলি পূর্বে বিচার-সহিত করিতে হইত, এখন স্বাভাবিক হইয়া পড়িয়াছে। যোগীদের ভাষায় সহজাত জ্ঞান যুক্তি-বিচারের ক্রমসঙ্কুচিত অবস্থা মাত্র। বিচার-জনিত জ্ঞান সঙ্কুচিত হইয়া স্বাভাবিক সহজাত জ্ঞান বা সংস্কারে পরিণত হয়। অতএব আমরা যাহাকে সহজাত জ্ঞান বলি, তাহা যে বিচারজনিত জ্ঞানের সঙ্কুচিত অবস্থা মাত্র, এরূপ চিন্তা করা সম্পূর্ণ যুক্তিসঙ্গত। প্রত্যক্ষ অভিজ্ঞতা ব্যতীত যুক্তিবিচার সম্ভব নয়, সুতরাং সমুদয় সহজাত জ্ঞানই পূর্ব অভিজ্ঞতার ফল। কুক্কুটগণ শ্যেনকে ভয় করে, হংসশাবকগণ জল ভালবাসে, এ দুইটিই পূর্ব অভিজ্ঞতার ফল। এখন প্রশ্ন : এই অনুভূতি – জীবাত্মার অথবা কেবল শরীরের? হংস এখন যাহা অনুভব করিতেছে, তাহা কেবল ঐ হংসের পূর্বপুরুষগণের অভিজ্ঞতা হইতে আসিতেছে, না উহা হংসের নিজের অভিজ্ঞতা? আধুনিক বৈজ্ঞানিকগণ বলেন, উহা কেবল তাহার শরীরের ধর্ম। কিন্তু যোগীরা বলেন, উহা মনের অনুভূতি শরীরের ভিতর দিয়া সঞ্চালিত হইতেছে মাত্র। ইহাকেই পুনর্জন্মবাদ বলে।

আমরা পূর্বে দেখিয়াছি – আমাদের সমুদয় জ্ঞান, যেগুলিকে প্রত্যক্ষ, বিচারজনিত বা সহজাত জ্ঞান বলি, সে সবই জ্ঞানের একমাত্র প্রণালী অভিজ্ঞতার ভিতর দিয়াই আসিতে পারে; আর যাহাকে আমরা সহজাত জ্ঞান বলি, তাহা আমাদের পূর্ব অভিজ্ঞতার ফল, উহাই এখন নিম্নস্তরে নামিয়া সহজাত জ্ঞানে পরিণত হইয়াছে, সেই সহজাত জ্ঞান আবার বিচারজনিত জ্ঞানে উন্নীত হইয়া থাকে। সমুদয় জগতেই এই

ব্যাপার চলিতেছে। ইহার উপরেই ভারতের পুনর্জন্মবাদের অন্যতম প্রধান যুক্তি স্থাপিত হইয়াছে। পুনঃপুনঃ অনুভূত নানাবিধ ভয়ের সংস্কার কালক্রমে জীবনের প্রতি এই মমতায় পরিণত হইয়াছে। এই কারণেই বালক অতি বাল্যকাল হইতেই স্বাভাবিকভাবে ভয় পাইয়া থাকে, কারণ তাহার মনে দুঃখযন্ত্রণার পূর্ব অভিজ্ঞতা রহিয়াছে। অতিশয় বিদ্বান্‌ ব্যক্তিগণের মধ্যে যাঁহারা জানেন, এই শরীর চলিয়া যাইবে, যাঁহারা বলেন, ‘ভয় নাই, চিন্তা নাই; আমাদের শত শত শরীর হইয়া গিয়াছে, আত্মা কখনও মরে না, তাঁহাদের সমুদয় বিচারজাত ধারণা সত্ত্বেও তাঁহাদের মধ্যে আমরা এই জীবনের প্রতি আসক্তি দেখিতে পাই। কেন এই জীবনের প্রতি আসক্তি ? আমরা দেখিয়াছি যে, ইহা আমাদের সহজাত বা স্বাভাবিক হইয়া পড়িয়াছে। যোগীদিগের দার্শনিক ভাষায় উহা সংস্কার-এ পরিণত হইয়াছে, বলা যায়। এই সংস্কারগুলি সূক্ষ্ম বা গুপ্তভাবে চিত্তের ভিতর যেন নিদ্রিত রহিয়াছে। পূর্বমৃত্যুর এই সব অভিজ্ঞতা, যেগুলিকে আমরা সহজাত জ্ঞান বলি, সেগুলি অবচেতন ভূমিতে উপনীত হইয়াছে। ঐগুলি চিত্তেই বাস করে; এগুলি নিষ্ক্রিয় নয়, মনের গভীরতর প্রদেশে থাকিয়া কাজ করিয়া চলে।

এই চিত্তবৃত্তিগুলিকে অর্থাৎ যেগুলি স্থূলভাবে প্রকাশিত, সেগুলিকে আমরা বেশ বুঝিতে পারি ও অনুভব করিতে পারি; ঐগুলিকে দমন করা অপেক্ষাকৃত সহজ, কিন্তু এই সূক্ষ্মতর সংস্কারগুলির সম্বন্ধে কি করা যায়? ঐগুলি দমন করা যায় কিরূপে? যখন আমি রুষ্ট হই, তখন আমার সমুদয় মনটি যেন ক্রোধের এক বিরাট তরঙ্গাকার ধারণ করে। আমি উহা অনুভব করিতে পারি, উহাকে যেন হাতে করিয়া নাড়িতে পারি, উহার সহিত সংগ্রাম করিতে

পারি, কিন্তু আমি যদি মনের অতি গভীরে উহার কারণে যাইতে না পারি, তবে কখনই আমি উহাকে জয় করিতে সমর্থ হইব না। কোন লোক আমাকে খুব কড়া কথা বলিল, অবশেষে আমি ক্রোধে উন্মত্ত হইয়া উঠিলাম, আত্মবিস্মৃত হইলাম, ক্রোধবৃত্তির সহিত যেন নিজেকে মিশাইয়া ফেলিলাম । যখন সে আমাকে প্রথমে কটু বলিতে আরম্ভ করিয়াছিল, তখনও আমার বোধ হইতেছিল আমি যেন ক্রুদ্ধ হইতেছি। তখন ক্রোধ একটি ও আমি একটি, পৃথক্ পৃথক্ ছিলাম। কিন্তু যখনই আমি ক্রুদ্ধ হইয়া উঠিলাম, তখন আমিই যেন ক্রোধে পরিণত হইয়া গেলাম। ঐ বৃত্তিগুলিকে মূলে বীজভাবেই সূক্ষ্মাবস্থাতেই সংযত করিতে হইবে। ঐগুলি আমাদের উপর ক্রিয়া করিতেছে আমরা ইহা বুঝিবার পূর্বেই ঐগুলিকে সংযত করিতে হইবে। জগতের অধিকাংশ লোক এই বৃত্তিগুলির সূক্ষ্মাবস্থার অস্তিত্ব পর্যন্ত অবগত নয়। যে অবস্থাতেই ঐ বৃত্তিগুলি অবচেতনভূমি হইতে একটু একটু করিয়া উদিত হয়, তাহাকেই বৃত্তির সূক্ষ্মাবস্থা বলা যায়। যখন কোন হ্রদের তলদেশ হইতে একটি বুদ্বুদ উত্থিত হয়, তখন আমরা উহাকে দেখিতে পাই না; শুধু তাই নয়, উপরিভাগের খুব নিকটে আসিলেও আমরা উহা দেখিতে পাই না: যখনই উহা উপরে উঠিয়া মৃদু আলোড়ন সৃষ্টি করে, তখনই আমরা জানিতে পারি একটি তরঙ্গ উঠিতেছে। যখন আমরা সূক্ষ্মাবস্থাতেই তরঙ্গগুলিকে ধরিতে পারিব, তখনই ঐগুলিকে আয়ত্তে আনিতে সমর্থ হইব। এইরূপে স্থূলভাবে পরিণত হইবার পূর্বেই সূক্ষ্মাবস্থায় ঐ ইন্দ্রিয়বৃত্তিগুলি যত দিন না আমরা সংযত করিতে পারি, ততদিন আমাদের কোন বৃত্তিই পূর্ণভাবে জয় করার আশা নাই। ইন্দ্রিয়বৃত্তিগুলিকে সংযত করিতে হইলে ঐগুলিকে মূলে সংযত করিতে হইবে। কেবল তখনই আমরা বৃত্তিগুলির বীজ পর্যন্ত দগ্ধ করিয়া

ফেলিতে পারিব; যেমন ভর্জিত বীজ মৃত্তিকায় ছড়াইয়া দিলে আর অঙ্কুর উৎপন্ন হয় না, তেমনি এই ইন্দ্রিয়ের বৃত্তিগুলি আর উদিত হইবে না।

তে প্রতিপ্রসবহেয়োঃ সূক্ষ্মাঃ ॥১০॥

সেই সূক্ষ্ম সংস্কারগুলিকে প্রতিপ্রসব অর্থাৎ প্রতিলোম পরিণাম দ্বারা (কার্যকে কারণে পরিণত করিয়া) নাশ করিতে হয়।

ধ্যানের দ্বারা চিত্তবৃত্তিগুলি নষ্ট হইলে যাহা অবশিষ্ট, তাহাকে সূক্ষ্মসংস্কার বা বাসনা বলে। উহা নাশ করিবার উপায় কি? উহাকে প্রতিপ্রসব অর্থাৎ প্রতিলোম পরিণামের দ্বারা নাশ করিতে হইবে। প্রতিলোম- পরিণাম অর্থ – কার্যের কারণে লয়। চিত্তরূপ কার্য যখন সমাধিদ্বারা অস্মিতা বা অহঙ্কার রূপ স্বকারণে লীন হইবে তখনই চিত্তের সহিত সূক্ষ্ম সংস্কারগুলিও নষ্ট হইয়া যাইবে। ধ্যানের দ্বারা এগুলি নষ্ট করা যায় না।

ধ্যানহেয়াস্তদ্বৃত্তয়োঃ ॥১১॥

ধ্যানের দ্বারা উহাদের স্থুলাবস্থা নাশ করিতে হয়।

ধ্যানই এই বৃহৎ তরঙ্গগুলির উৎপত্তি নিবারণ করিবার এক প্রধান উপায়। ধ্যানের দ্বারাই মন বৃত্তিরূপ তরঙ্গগুলি প্রশমিত করিতে পারে। যদি দিনের পর দিন, মাসের পর মাস, বৎসরের পর বৎসর

এই ধ্যান অভ্যাস কর, যতদিন না উহা তোমার অভ্যাসে পরিণত হয়, যতদিন না ঐ ধ্যান আপনা হইতেই আসে, ততদিন যদি এরূপ কর, তাহা হইলে ক্রোধ, ঘৃণা প্রভৃতি বৃত্তিগুলি নিয়ন্ত্রিত হইবে, সংযত হইবে।

ক্লেশমূলঃ কর্ম্মাশয়ো দৃষ্টাদৃষ্টজন্মবেদনীয়ঃ।।১২।।

কর্মের আশয় বা আধারের মূল এই পূর্ব্বোক্ত ক্লেশগুলি; বর্তমান অথবা পর জীবনে উহারা ফল প্রসব করে।

কর্ম্মাশয়ের অর্থ এই সংস্কারগুলির সমষ্টি। আমরা যে কোন কাজ করি না কেন, অমনি মনোহ্রদে একটি তরঙ্গ উত্থিত হয়। আমরা মনে করি কাজটি শেষ হইয়া গেলেই তরঙ্গটিও শেষ হইয়া গেল; কিন্তু বাস্তবিক তাহা নয়। উহা সূক্ষ্ম আকার ধারণ করিয়াছে মাত্র, ঐ স্থানেই রহিয়াছে। যখন আমরা ঐ কার্য্যের কথা স্মরণ করিবার চেষ্টা করি, তখনই উহা পুনর্ব্বার উদিত হইয়া আবার তরঙ্গাকারে পরিণত হয়। অতএব উহা মনের ভিতরই গূঢ়ভাবে ছিল; যদি না থাকিত, তাহা হইলে স্মৃতি অসম্ভব হইত। সুতরাং প্রত্যেক কার্য্য, প্রত্যেক চিন্তা, তাহা শুভই হউক আর অশুভই হউক, মনের গভীরতম প্রদেশে গিয়া সূক্ষ্মভাবে ধারণ করে এবং ঐ স্থানেই সঞ্চিত থাকে; সুখকর অথবা দুঃখকর সকল প্রকার চিন্তাকেই ক্লেশ জনক বাধা বলে, কারণ যোগীদের মতে উভয়েই পরিণামে দুঃখ প্রসব করে। ইন্দ্রিয়সমূহ হইতে যে সব সুখ পাওয়া যায়, পরিণামে সেগুলি দুঃখ আনিবে। ভোগে ভোগতৃষ্ণা বাড়িতেই থাকে, তাহার ফল দুঃখ। মানুষের বাসনার অন্ত

নাই, মানুষ ক্রমাগত বাসনা করিতেছে; বাসনা করিতে করিতে যখন সে এমন স্থানে উপনীত হয় যে, কোনমতে তাহার বাসনা আর পূর্ণ হয় না, তখনই তাহার দুঃখ উৎপন্ন হয়। এই জন্যই যোগীরা শুভ ও অশুভ সংস্কার সমষ্টিকে 'ক্লেশ' বলিয়া থাকেন, এগুলি আত্মার মুক্তিপথে বাধা দেয়।

সকল কার্যের সূক্ষ্মমূলস্বরূপ সংস্কারগুলি সম্বন্ধে এইরূপ বুঝিতে হইবে; তাহারা কারণস্বরূপ হইয়া ইহজীবন বা পরজীবনে ফল প্রসব করিয়া থাকে (দৃষ্ট বা অদৃষ্ট জন্ম বেদনীয়)। বিশেষ বিশেষ স্থলে যখন ঐ সংস্কারগুলি খুব প্রবল হয়, তখন শীঘ্রই ফল দান করে; অত্যুৎকট পুণ্য বা পাপকর্ম ইহজীবনেই ফল উৎপন্ন করে। যোগীরা বলেন যে সকল ব্যক্তি ইহজীবনেই খুব প্রবল শুভসংস্কার উপার্জন করিতে পারেন, তাঁহাদের মৃত্যু হয় না, তাঁহারা ইহজীবনেই এই দেহকে দেবদেহে পরিণত করিতে পারেন। যোগীদের গ্রন্থে এইরূপ কতিপয় দৃষ্টান্তের উল্লেখ আছে। ইহারা নিজেদের শরীরের উপাদান পর্যন্ত পরিবর্তন করিয়া ফেলেন, দেহের পরমাণুগুলিকে এমন নূতনভাবে সন্নিবেশিত করিয়া লন যে, তাঁহাদের আর কোন পীড়া হয় না এবং আমরা যাহাকে মৃত্যু বলি, তাহাও তাঁহাদের নিকট আসিতে পারে না। এরূপ হইবে না কেন ? শারীরবিজ্ঞানে খাদ্যের অর্থ – সূর্য হইতে শক্তিগ্রহণ। ঐ শক্তি প্রথমে উদ্ভিদে প্রবেশ করে; সেই উদ্ভিদ আবার কোন পশুতে ভোজন করে, মানুষ আবার সেই পশুমাংশ ভোজন করিয়া থাকে। এই ব্যাপারটি বৈজ্ঞানিক ভাষায় বলিতে গেলে বলিতে হইবে যে, আমরা সূর্য হইতে কিছু শক্তি গ্রহণ করিয়া নিজের অঙ্গীভূত করিয়া লই। যদি এইরূপ হয়, তবে এই শক্তি আহরণ করিবার একটিমাত্র উপায় থাকিবে কেন? আমরা যেরূপে শক্তি সংগ্রহ করি, উদ্ভিদের

শক্তিসংগ্রহের উপায় ঠিক তাহা নয়; আমরা যেরূপে শক্তি সংগ্রহণ করি, পৃথিবী সেরূপে করে না, কিন্তু তাহা হইলেও সকলেই কোন না কোনরূপে শক্তি সংগ্রহ করিয়া থাকে। যোগীরা বলেন, তাঁহারা কেবল মনঃশক্তিবলেই শক্তি সংগ্রহ করিতে পারেন। সাধারণ উপায় অবলম্বন না করিয়াও তাঁহারা যত ইচ্ছা শক্তি সংগ্রহ করিতে পারেন। উর্ণনাভ যেমন নিজ শরীর হইতে তন্তু বিস্তার করিয়া পরিশেষে এমন বদ্ধ হইয়া পড়ে যে, বাহিরে কোথাও যাইতে হইলে সেই তন্তু অবলম্বন না করিয়া যাইতে পারে না, সেইরূপ আমরাও আমাদের উপাদান পদার্থ হইতে এই স্নায়ুজাল সৃষ্টি করিয়াছি, এখন আর সেই স্নায়ুপ্রণালী অবলম্বন না করিয়া কোন কাজ করিতে পারি না। যোগী বলেন, ইহাতে বদ্ধ থাকিবার প্রয়োজন নাই ।

এই তত্ত্বটি আর একটি উদাহরণের দ্বারা বুঝানো যাইতে পারে। আমরা পৃথিবীর যে কোন দিকে তড়িৎশক্তি প্রেরণ করিতে পারি, কিন্তু আমাদিগকে উহা তারের ভিতর দিয়া পাঠাইতে হয়। প্রকৃতি তো বিনা তারেই বহু পরিমাণে বিদ্যুৎশক্তি প্রেরণ করিতেছে। আমরাই বা কেন তাহা করিতে পারিব না? আমরা চতুর্দিকে মানস তড়িৎ প্রেরণ করিতে পারি। আমরা যাহাকে মন বলি, তাহা প্রায় তড়িৎশক্তির মতো। স্নায়ুর মধ্যে যে এক তরল পদার্থ প্রবাহিত হইতেছে, তাহাতে যে কিছু পরিমাণে বিদ্যুৎশক্তি আছে ইহা অতি স্পষ্ট, কারণ তড়িতের ন্যায় উহারও দুই প্রান্তে বিপরীত শক্তিদ্বয় দৃষ্টি হয় এবং তড়িতের ধর্মগুলি উহাতে দেখা যায়। এই তড়িৎশক্তিকে এখন আমরা কেবল স্নায়ুমন্ডলের মধ্য দিয়াই প্রবাহিত করিতে পারি। কিন্তু স্নায়ুমন্ডলীর সাহায্য না লইয়াই বা কেন ইহা প্রবাহিত করিতে সমর্থ হইব না? যোগী বলেন, ইহা খুবই সম্ভব এবং ইহা কার্যে পরিণত করা যাইতে পারে। আর

ইহাতে কৃতকার্য হইলে তুমি সমগ্র জগতে এই শক্তি প্রয়োগ করিতে সমর্থ হইবে। তখন তুমি কোন স্নায়ুযন্ত্রের সাহায্যে না লইয়াই যেখানে ইচ্ছা যে কোন শরীরের দ্বারা কার্য করিতে পারিবে। যখন কোন জীবাত্মা এই স্নায়ুপ্রণালীর ভিতর দিয়া কাজ করে, আমরা তখন বলি মানুষটি জীবিত, এবং যখন এই যন্ত্রগুলির দ্বারা কাজ হয় না, তখন বলি মানুষটি মৃত কিন্তু যখন কেহ এই সকল স্নায়ুযন্ত্রের সাহায্যে বা স্নায়ু ব্যতীতই কাজ করিতে পারেন, তাঁহার পক্ষে জন্ম ও মৃত্যু – এই দুই শব্দের আর কোন অর্থই নাই। জগতে সব শরীরই তন্মাত্র দ্বারা রচিত, প্রভেদ কেবল বিন্যাসের প্রণালীতে। যদি তুমিই ঐ বিন্যাসের কর্তা হও, তাহা হইলে তুমি যেরূপে ইচ্ছা, ঐ তন্মাত্রগুলির বিন্যাস করিয়া শরীর রচনা করিতে পারো। এই শরীর তুমি ছাড়া আর কে নির্মাণ করিয়াছে ? আহার করে কে? যদি আর একজন তোমার হইয়া আহার করিয়া দিত, তবে তোমাকে আর বেশী দিন বাঁচিতে হইত না। ঐ খাদ্য হইতে রক্তই বা উৎপাদন করে কে? নিশ্চয় তুমি। ঐ রক্ত বিশুদ্ধ করিয়া ধমনীর মধ্যে প্রবাহিত করিতেছে কে? তুমিই। আমরাই দেহের প্রভু এবং উহাতে বাস করিতেছি। দেহ কিভাবে আবার তরুণ করিয়া তোলা যায়, সেই জ্ঞান আমরা হারাইয়া ফেলিয়াছি। আমরা যন্ত্রতুল্য স্বয়ংক্রিয় – অবনত হইয়া পড়িয়াছি। আমরা দেহের পরমাণুগুলির বিন্যাস প্রণালী ভুলিয়া গিয়াছি। সুতরাং এখন আমরা যন্ত্রের মতো যাহা করিতেছি, তাহা জ্ঞাতসারে করিতে হইবে। আমরাই দেহের প্রভু, সুতরাং আমাদিগকেই সেই বিন্যাস প্রণালী নিয়মিত করিতে হইবে। ইহাতে কৃতকার্য হইলেই আমরা ইচ্ছামত দেহকে আবার তরুণ করিয়া তুলিতে সমর্থ হইব তখন আমাদের জন্ম, ব্যাধি, মৃত্যু – কিছুই থাকিবে না।

সতি মূলে তদ্বিপাকো জাত্যায়ুর্ভোগাঃ।।১৩।।

মনে এই সংস্কাররূপ মূল থাকায় তাহার ফলস্বরূপ মনুষ্যাদি জাতি, ভিন্ন ভিন্ন পরমায়ু ও সুখদুঃখাদি ভোগ হয় ।

মূল অর্থাৎ সংস্কাররূপ কারণগুলি ভিতরে থাকে, তাহারাই ব্যক্তভাব ধারণ করিয়া ফলরূপে পরিণত হয়। কারণের নাশ হইয়া কার্যের উদয় হয়, আবার কার্য সূক্ষ্মভাব ধারণ করিয়া পরবর্তী কার্যের কারণস্বরূপ হয়। বৃক্ষ বীজ প্রসব করে, বীজ আবার পরবর্তী বৃক্ষের উৎপত্তির কারণ হয়; এইরূপেই কার্যকারণপ্রবাহ চলিতে থাকে আমাদের এখানকার কাজকর্ম সবই পূর্বসংস্কারের ফলস্বরূপ। এই কার্যগুলি আবার সংস্কারে পরিণত হইয়া ভবিষ্যৎ কার্যের কারণ হইবে; এই ভাবেই চলিতে থাকে। এইজন্যই এই সূত্র বলিতেছে, কারণ থাকিলে তাহার ফল বা কার্য অবশ্যই হইবে। এই ফল প্রথমতঃ জাতিরূপে প্রকাশ পায়; কেহ বা মানুষ হইব, কেহ দেবতা, কেহ পশু, কেহ বা অসুর হইবে। তারপর এই কর্ম আবার আয়ুকেও নিয়মিত করে। একজন হয়তো পঞ্চাশ বৎসর বাঁচে, আর একজন একশত বৎসর, আবার কেহ হয়তো দুই বৎসর বয়সেই মরিয়া যায় ; সে আর পূর্ণবয়স্ক হয় না। জীবনের এই সব বিভিন্নতা পূর্বকর্ম্মদ্বারাই নিয়মিত হয়। কেহ যেন সুখভোগের জন্যই জন্মগ্রহণ করিয়াছে; যদি সে বনে গিয়া লুকাইয়া থাকে, সুখ তাহাকে অনুসরণ করিবে। আর একজন যেখানেই যায়, দুঃখ তাহাকে অনুসরণ করে, সবই তাহার নিকট

দুঃখময়। এই সবই তাহাদের নিজ নিজ পূর্বকর্মের ফল। যোগীদিগের মতে পুণ্যকর্ম হইতে সুখ, পাপকর্ম হইতে দুঃখ উৎপন্ন হয়। যে ব্যক্তি অসৎ কাজ করে, সে নিশ্চয়ই দুঃখকষ্টরূপে তাহার কৃতকর্মের ফলভোগ করিবে।

তে হ্লাদপরিতাপফলাঃ পুণ্যাপুণ্যহেতুত্বাৎ ॥১৪॥

পুণ্য ও পাপ উহাদের কারণ বলিয়া উহাদের ফল যথাক্রমে আনন্দ ও দুঃখ।

পরিণামতাপ-সংস্কারদুঃখৈর্গুণবৃত্তিবিরোধাচ্চ   দুঃখমেব   সর্বং বিবেকিনঃ ॥১৫।

কি পরিণাম কালে, কি ভোগ কালে ভোগ ব্যাঘাতের আশঙ্কায় অথবা সুখ-সংস্কার জনিত নতুন তৃষ্ণা উৎপন্ন হয় বলিয়া এবং গুণবৃত্তি (অর্থাৎ সত্ত্ব, রজঃ, তমঃ) পরস্পরের বিরোধী বলিয়া বিবেকীর নিকট সর্বই যেন দুঃখ বলিয়া বোধ হয়।

যোগীরা বলেন, যাঁহার বিবেকশক্তি আছে, যাঁহার একটু ভিতরের দিকে দৃষ্টি আছে, তিনি সুখ ও দুঃখ নামধেয় সর্ববিধ বস্তুর অন্তস্তল পর্যন্ত দেখিয়া থাকেন, আর জানিতে পারেন উহারা সর্বদা

সর্বত্র সমভাবে রহিয়াছে। একটির সঙ্গে আর একটি যেন জড়াইয়া, একটি যেন আর একটিতে মিশিয়া আছে। সেই বিবেকী পুরুষ দেখিতে পান যে, মানুষ সমগ্র জীবন কেবল এক আলেয়ার অনুসরণ করিতেছে; সে কখনই তাহার বাসনাপূরণে সমর্থ হয় না। এক সময়ে মহারাজ যুধিষ্ঠির বলিয়াছেন, জীবনে সর্বপেক্ষা আশ্চর্য ঘটনা এই যে, প্রতি মুহূর্তে প্রাণিগণকে মৃত্যুমুখে পতিত হইতে দেখিয়াও মনে করিতেছি, আমরা কখনই মরিব না। চতুর্দিকে মূর্খদ্বারা পরিবেষ্টিত হইয়া মনে করিতেছি, শুধু আমরাই পণ্ডিত – শুধু আমরাই মূর্খশ্রেণী হইতে স্বতন্ত্র। সর্বপ্রকার চঞ্চলতার অভিজ্ঞতা দ্বারা বেষ্টিত হইয়া আমরা মনে করিতেছি, আমাদের ভালোবাসাই একমাত্র স্থায়ী ভালোবাসা। ইহা কি করিয়া হইতে পারে ? ভালবাসাও স্বার্থপরতা মিশ্রিত। যোগী বলেন, 'পরিণামে দেখিতে পাইব, এমন কি পতিপত্নীর প্রেম, সন্তানের প্রতি ভালোবাসা, বন্ধুদের প্রীতি সবই অল্পে অল্পে ক্ষীণ হইয়া আসে।' এই সংসারে ক্ষয় প্রত্যেক বস্তুকেই আক্রমণ করিয়া থাকে। যখনই সংসারের সকল বাসনা, এমন কি ভালোবাসা পর্যন্ত বিফল হয়, তখনই যেন চকিতের ন্যায় মানুষ বুঝিতে পারে এই জগৎ কিভাবে ব্যর্থ, কতখানি স্বপ্নসদৃশ। তখনই তাহার চোখে বৈরাগ্যের ক্ষণিক আলো দেখা দেয়, তখনই সে অতীন্দ্রিয় সত্তার যেন একটু আভাস পায়। এই জগৎকে ত্যাগ করিলেই জগদতীত তত্ত্বটি হৃদয়ে উদ্ভাসিত হয়; এই জগতের সুখে আসক্ত থাকিলে ইহা কখনও সম্ভব হইতে পারে না। এমন কোন মহাত্মা জন্মগ্রহণ করেন নাই, যাঁহাকে এই উচ্চাবস্থা লাভের জন্য ইন্দ্রিয়সুখভোগ ত্যাগ করিতে হয় নাই। প্রকৃতির বিভিন্ন শক্তিগুলির পরস্পর বিরোধই দুঃখের কারণ। একটি মানুষকে একদিকে অপরটি আর একদিকে টানিয়া লইয়া যাইতেছে, কাজেই স্থায়ী সুখ অসম্ভব হইয়া পড়ে।

হেয়ং দুঃখমনাগতম্ ॥১৬ ।

যে দুঃখ এখনও আসে নাই, তাহা ত্যাগ করিতে হইবে।

কর্মের কিঞ্চিদংশ আমাদের ভোগ হইয়া গিয়াছে, কিঞ্চিদংশ আমরা বর্তমানে ভোগ করিতেছি, অবশিষ্টাংশ ভবিষ্যতে ফলপ্রদানোন্মুখ হইয়া আছে। আমাদের যাহা ভোগ হইয়া গিয়াছে, তাহা তো চুকিয়া গিয়াছে। আমরা বর্তমানে যাহা ভোগ করিতেছি, তাহা আমাদিগকে ভোগ করিতেই হইবে, কেবল যে কর্ম ভবিষ্যতে ফলপ্রদানোন্মুক হইয়া আছে, তাহাই আমরা জয় করিয়া নিয়ন্ত্রিত করিতে পারিব। এই দিকেই আমাদের সকল শক্তি নিয়োজিত করিতে হইবে। এজন্যই পতঞ্জলি বলিয়াছেন (২/১০) সংস্কারগুলিকে কারণে লয় করিয়া নিয়ন্ত্রিত করিতে হইবে।

দ্রষ্টু দৃশ্যয়োঃ সংযোগো হেয়হেতুঃ॥১৭॥

এই যে হেয়, অর্থাৎ যে দুঃখকে ত্যাগ করিতে হইবে, তাহার কারণ দ্রষ্টা ও দৃশ্যের সংযোগ।

এই দ্রষ্টার অর্থ কি? মানুষের আত্মা – পুরুষ। দৃশ্য কি? মন হইতে আরম্ভ করিয়া স্থূল ভূত পর্যন্ত সমুদয় প্রকৃতি। এই পুরুষ ও

(প্রকৃতির) মনের সংযোগ হইতে সমুদয় সুখদুঃখ শুদ্ধস্বরূপ; যখনই উহা প্রকৃতির সহিত সংযুক্ত হয়, তখনই প্রকৃতিতে প্রতিবিম্বিত হইয়া সুখ বা দুঃখ অনুভব করে বলিয়া মনে হয়।

৮৪

কর্মচক্রঃ

অবিদ্যা--কাম--কর্ম—সুখ অথবা দুঃখ ভোগ -- সংস্কার।

পঞ্চ মহাযজ্ঞ

প্রত্যেক হিন্দুর নিত্য আচরণীয় সকল কর্তব্যই শাস্ত্র কর্তৃক নির্ধারিত। আমরা প্রতিনিয়ত বিভিন্ন বস্তু, ব্যক্তি দ্বারা প্রতিনিয়ত উপকৃত হই। প্রতিদানে পবিত্রভাবে জীবনযাপনের মাধ্যমে তাদের উপকার সাধন আমাদের মৌলিক কর্তব্য। প্রকৃতি আমাদেরকে জীবনধারণের উপযোগী সমস্ত কিছু প্রদান করে। এই উচ্চভাবের প্রায়োগিক রূপ যজ্ঞ। যজ্ঞে যজমান নিজের নিজের আহৃত সম্পদ সমর্পণ করে। প্রত্যেক ব্যক্তিরই এই যজ্ঞচক্রকে চালিয়ে নিয়ে যাওয়া কর্তব্য এই পঞ্চ মহাযজ্ঞ অভ্যাস আমাদের নিঃস্বার্থ হওয়ার পাঁচটি সাধন।

হিন্দু ঋষিগণ হিন্দুর যাবতীয় জীবনের কর্তব্যগুলি পাঁচভাগে বিভক্ত করে পঞ্চযজ্ঞ নামে নির্দেশ করেছেন। হিন্দু শাস্ত্রের উপদেশ-- মানব জন্মগ্রহণ করে পাঁচটি ঋণ নিয়ে, যথা দেব ঋণ, ঋষি ঋণ, পিতৃ ঋণ, নৃ ঋণ, ভূত ঋণ ।

(১) দেবঋণঃ দেবতাদের কাছে ঋণ; দেবতাদের পূজা প্রার্থনা ও হোম-যজ্ঞাদি দ্বারা এই ঋণ শোধ করতে হয়।

(২) ঋষিঋণঃ মুনি-ঋষিদের কাছে ঋণ; ঋষি প্রণীত শাস্ত্রাদি পাঠের দ্বারা এই ঋণ শোধ করতে হয়।

(৩) পিতৃঋণঃ পিতা-মাতা ও পিতৃপুরুষদের কাছে ঋণ; জীবিত পিতা-মাতা ও পিতৃপুরুষদের সেবা এবং মৃতদের উদ্দেশ্যে শ্রাদ্ধ ও তর্পণাদি দ্বারা এই ঋণ শোধ করতে হয়।

(৪) নৃ-ঋণঃ আত্মিয়স্বজন ও প্রতিবেশিদের কাছে ঋণ; অতিথি সেবা এবং দুঃস্থ, আর্ত, পীড়িত নরনারায়নের সেবার দ্বারা এই ঋণ শোধ করতে হয়।

(৫) ভূতঋণঃ পশুপাখি ও উদ্ভিদাদির নিকট ঋণ; মনুষ্যেতর প্রাণী, পশুপাখি এবং বৃক্ষ-লতাদির সেবা দ্বারা এই ঋণ শোধ করতে হয়।

এই পাঁচটি ঋণকে একত্রে পঞ্চঋণ বলে এবং এই ঋণসমূহ শোধ করাকে পঞ্চ মহাযজ্ঞ বলে।

এই পঞ্চঋণ পরিশোধ করিতে করিতে মানব মুক্তির অধিকারী হয়ে ওঠে। এগুলির অনুশীলন আমাদের নিঃস্বার্থ ও সহানুভূতিশীল হতে শেখায়। মানুষকে জগতে বেঁচে থাকতে হলে দেবতা থেকে তৃণ পর্যন্ত প্রত্যেকের কাছ থেকে অল্প অল্প সাহায্য নিতে হয়। সেজন্য প্রত্যেকটি মানুষ জড় জগতের চেতন ও অচেতন সকলের কাছে অল্প বিস্তর ঋণী। যে ব্যক্তি জ্ঞানপূর্বক এই পঞ্চ মহাযজ্ঞ সম্পাদন করে তার মানসিক উন্নতি তত হয়, তার মন তত সরল ও নরম হয়। যা আধ্যাত্মিক উন্নতিতে প্রবল সহায়ক। এজন্য ঋষিগণ এই পঞ্চ মহাযজ্ঞের ব্যবস্থা করেছেন।

এই পাঁচটি মহাযজ্ঞ হল– **(১) ব্রহ্মযজ্ঞ, (২) পিতৃযজ্ঞ, (৩) দেব যজ্ঞ, (৪) ভৌতযজ্ঞ এবং (৫) নৃযজ্ঞ বা মনুষ্যযজ্ঞ।**

মনু বলেছেন –

"অধ্যাপনং ব্রহ্মযজ্ঞঃ পিতৃযজ্ঞস্তু তর্পনম্।

হোমো দৈবো বলির্ভৌতো নৃযজ্ঞোহতিথিসেবনম্।।"

মনু স্মৃতি ৩/৭০

– অধ্যাপনা বা বিদ্যা প্রসার হল ব্রহ্মযজ্ঞ, তর্পণ হল পিতৃযজ্ঞ, দেবযজ্ঞ হোম, পশুপাখি, গাছাপালা ইত্যাদির খাদ্যাদি প্রদান ও যত্ন হল ভৌতযজ্ঞ বা ভূতযজ্ঞ, নৃযজ্ঞ বা মনুষ্যযজ্ঞ হল অতিথি সেবা বা নর নারায়ণের সেবা।

তৈত্তিরীয় আরণ্যকের দ্বিতীয় প্রপাঠকের দশম অনুবাকে পঞ্চ মহাযজ্ঞের বিস্তারিত বর্ণনা পাওয়া যায়।

'পঞ্চ বা এতে মহাযজ্ঞ সততি প্রতায়ন্তে মনুষ্যযজ্ঞো ব্রহ্মযজ্ঞ ইতি। যদ্ অগ্নৌ জুহোত্যপি সমিধং তদ্ দেবযজ্ঞ সন্তিষ্ঠতে। যৎপিতৃভ্যঃ বলিং হরতি তদ্ ভূষযজ্ঞ সন্তিষ্ঠতে। যদ্ ব্রাহ্মনেভ্যোহন্নং দধাতি তন্মনুষ্যযজ্ঞ সন্তিষ্ঠতে। যৎ স্বাধ্যায়ম্ অধীয়ীতৈপম্পৃচং যজুঃ সাম বা তদ্ ব্রহ্মযজ্ঞঃ সন্তিষ্ঠতে।'

অনুবাদ – দেবযজ্ঞ, পিতৃযজ্ঞ, ভূতযজ্ঞ, মনুষ্যযজ্ঞ এবং ব্রহ্মযজ্ঞ – এই পাঁচটি মহাযজ্ঞ প্রতিদিন অনুষ্ঠিত হয় একদিনে আচরিত হলে পরের দিনে প্রভাবহীন হয়ে পড়ে। অগ্নিতে সমিধ্ আহুতি দিলে দেবযজ্ঞ সম্পন্ন হয়। পিতৃগণের উদ্দেশ্যে স্বধা মন্ত্রে জল প্রদান করলে পিতৃযজ্ঞ সম্পন্ন হয়।

তৈত্তিরীয় ব্রাহ্মণ ছাড়াও শতপথ ব্রাহ্মণের একাদশ কাণ্ডের পঞ্চম অধ্যায়ের ষষ্ঠ ব্রাহ্মণে পঞ্চ মহাযজ্ঞের বর্ণনা রয়েছে।

প্রাণীকুলের উদ্দেশ্যে বলি (প্রিয়দ্রব্য) দিলে ভূতযজ্ঞ সম্পন্ন হয়। কমপক্ষে তিনজন ব্রাহ্মণকে অন্ন প্রদান করলে মনুষ্যযজ্ঞ সম্পন্ন হয়। স্বাধ্যায় অধ্যয়ন করলে কমপক্ষে একটিও ঋক্, যযু বা সাম অধ্যয়ন করলে ব্রহ্মযজ্ঞ সম্পন্ন হয় (অনুবাদ সায়ন ভাষ্য অনুসারী)।

(১) ব্রহ্মযজ্ঞ – 'অধ্যাপনং ব্রহ্মযজ্ঞ' – মনু (০৩/৭০)

বেদ শাস্ত্রের স্বাধ্যায়ে অন্যকে করানো, শাস্ত্রালোচনাকে ব্রহ্মযজ্ঞ বলে।

'মিমীহি শ্লোকমাস্যে পর্জন্য ইব ততনঃ।

গায় গায়ত্রমুকবাথ্যম্।।

ঋক বেদ ১/৩৮/১৪

- হে বিদ্বান! (শ্লোকম্) - বেদবাণীকে আস্যো-নিজের মুখে (মিমীহ)- ভরে নাও, আবার ওই বেদবাণীকে (পর্যন্যঃ ইব ততনঃ) – মেঘ বাদলের সমান গর্জন করে দূর দূর পর্যন্ত গম্ভীর স্বর দ্বারা প্রচার করো, তাহার উপদেশ সর্বত্র প্রচার করো। (গায়ত্রম্) প্রাণের রক্ষাকারী (উকথ্যম্) বেদ মন্ত্রকে (গায়) স্বয়ং গান করো, স্বয়ং পড় আর অন্যকে পড়াও।।

ভাবার্থ – বেদ পড়ে যে জ্ঞানামৃত প্রাপ্ত হয় তাহাকে নিজের কাছেই সীমিত রাখা উচিত নয়, পরন্তু যে প্রকার বাদল সমুদ্র থেকে নেওয়া জলকে গভীর গর্জনের সাথে সর্বত্র বর্ষণ করেন ওই প্রকার

মনুষ্যেরও বেদরূপী সমুদ্র থেকে রত্ন আর জ্ঞানের সঞ্চয় করে তাহার লেখনী ও বাণী দ্বারা প্রচার করা উচিত।

তার পরিমাণ যতটুকুই হোক প্রতিদিন চর্চা করা এবং সেটা অপরকে শেখানোর প্রয়াস করা প্রত্যেক এর কর্তব্য। সেই সঙ্গে সদগ্রন্থাদি পাঠ, আলোচনা করা এবং অন্যকে উৎসাহিত করা। একেই ব্রহ্মযজ্ঞ বলা হয়। ব্রহ্মযজ্ঞ আমাদের জ্ঞানপরম্পরার প্রতি শ্রদ্ধা জাগায়, জ্ঞানপরম্পরায় ধারাবাহিক গতিকে অক্ষুন্ন রাখে। জ্ঞানীর সম্মান করতে শেখায়।

শাস্ত্র বা ধর্ম গ্রন্থ পাঠ করা ব্যাখ্যা করাকে ব্রহ্মযজ্ঞ বা ঋষিযজ্ঞ বলে। এই ঋষিযজ্ঞ করিলে ঋষি ঋণ পরিশোধ হয়। এজন্য প্রত্যহ সকল হিন্দুদের বেদ গীতা, উপনিষদ, কথামৃত, স্বামীজির বাণী ও রচনা পাঠ করা দরকার। নিজে পড়িতে না পারিলেও অন্যের কাছে থেকে শ্রবণ করিবে। প্রত্যহ কিছু না কিছু পাঠ বা শ্রবণ অবশ্য করিবেন।

(৩) পিতৃযজ্ঞ – 'তর্পণং পিতৃযজ্ঞ।' – মনু ০৩/৭০

- মাতা-পিতা আদির সেবা শুশ্রূষা তথা ভোজন আদি দ্বারা তৃপ্তি করাকে পিতৃযজ্ঞ বলে।

'ঊর্জং বহন্তীরমৃতং ঘৃতং পয়ঃ কীলালাং পরিশ্রুতম্। স্বধাস্থ তর্পয়ত মে পিতৃণ্য।।' (যজুর্বেদ ৭/৩৮)

- হে পুত্রাদি। তোমারা (মে)-- আমার (পিতৃণ)-- পূর্বোক্ত গুণযুক্ত পিতা-মাতার (ঊর্জম)--অনেক প্রকারের উত্তম উত্তম রস, (বহন্তীঃ)--সুখ প্রাপ্তকারী স্বাদিষ্ট জল, (অমৃতম)-- সব রোগের আরোগ্য প্রদানকারী

ওষধি মিষ্টাদি পদার্থ, (পয়ঃ)- দুধ , (ঘৃতম্) – ঘী, (কীলালম্) – উত্তম উত্তম রীতি দ্বারা রন্ধন করা অন্ন তথা (পরিশ্রুতম্)--রসে রসালো ফল দিয়ে (তর্পয়ত)-- তৃপ্ত করো। এই প্রকার তুমি তাহাদিগের সেবন দ্বারা বিদ্যার প্রাপ্ত হয়ে (স্বধাঃ) – পরধনকে ত্যাগ করে নিজের ঋণের সেবনকারী (স্ব)- হও।।

পিতৃযজ্ঞ আমাদের পূর্বপুরুষদের, আমাদের শ্রেষ্ঠ সভ্যতার প্রতি স্বাভিমান, গৌরব অর্জন করতে সাহায্য করে। প্রতিদিন জীবিত পিতামাতার সেবা এবং তাঁদের শরীর চলে যাওয়ার পরে প্রতিদিন তাঁদের উদ্দেশ্যে প্রতিদিন পিণ্ডদান করাই পিতৃযজ্ঞ। প্রতিদিন পিণ্ডদান সম্ভব না হলে অন্ততঃ পক্ষে স্বধা মন্ত্র উচ্চারণ পূর্বক তিলোদক (তিলমিশ্রিত জল) প্রদান করাকে তর্পণ বলা হয়। তর্পণই পিতৃযজ্ঞ। তর্পণ ক্রিয়াতে যাঁরা গত হয়েছেন এমন উর্ধ্বতন তিন পক্ষের তিনি পুরুষকে স্মরণ করে তিলোদক নিবেদন করা হয়। তিন পক্ষ হল পিতৃপক্ষ (পিতা, পিতামহ, প্রপিতামহ), মাতপক্ষ (মাতা, পিতামহী, প্রপিতামহী; মাতা জীবিত থাকলে পিতামহী থেকে উর্ধ্বতন থেকে তিন পুরুষ), মাতামহপক্ষ (মাতামহ, প্রমাতামহ, বৃদ্ধপ্রমাতামহ)। এঁদেরকে ছাড়াও শ্বশুরকুল, নিজ বংশের অন্যান্য মৃত ব্যক্তি, পিতৃদেবতাগণ, ঋষিগণ, যম, ভীষ্ম প্রভৃতির উদ্দেশ্যেও জল প্রদান করা হয়। যাঁদের কুলে কেউ নেই। যাঁদের মৃত্যুর পরে যথাবিহিত সৎকার, শ্রাদ্ধাদি হয়নি তাঁদের উদ্দেশ্যেও জল প্রদান করা হয়। পরম্পরা অনুযায়ী এই তিলোদক কোনবৃহদাকার বৃক্ষের মূলে বা জলাশয়ে নিবেদন করা হয়।

ভূমেগরীয়সী মাতা স্বর্গাদুচ্চতরঃ পিতা।

জননী জন্মভূমিশ্চ স্বর্গাদপি গরীয়সী।।

--পৃথিবীতে মা শ্রেষ্ঠ, স্বর্গের চেয়েও উচ্চে পিতার স্থান। জননী ও জন্মভূমি স্বর্গের চেয়েও শ্রেষ্ঠ।

পিতা স্বর্গঃ পিতা ধর্মঃ পিতা হি পরমং তপঃ।

পিতরি প্রীতিমাপন্নে প্রীয়ন্তে সর্বদেবতাঃ।।

--পিতা স্বর্গ, পিতা ধর্ম, পিতা পরম তপস্যা। পিতা প্রসন্ন হলে দেবগণ সকলে প্রসন্ন হন।

যৎ প্রসাদাৎ জগৎদৃষ্টং পূর্ণকামো যদাশিষা।

প্রত্যক্ষ দেবতায়ৈ মে তুভ্যং মাত্রে নমো নমঃ ।।

--যাঁর প্রসন্নতায় আমরা পৃথিবীর আলো দেখতে পেরেছি, যাঁর আশীর্বাদে আমাদের মনস্কামনা পূর্ণ হয়, প্রত্যক্ষদেবতা- সেই মাকে প্রণাম নিবেদন করি।

(৪) নৃযজ্ঞ বা অতিথি যজ্ঞ – 'অতিথি পূজনম্ নৃয়জ্ঞ।' মনু ০৩/৭০

অতিথিদের ভোজন দেওয়া আর সেবা করে সৎকার করাকে নৃযজ্ঞ অথবা অতিথিযজ্ঞ বলে।

অশিতাবত্যতি থাবশ্নীয়াদ্যজ্ঞস্য সাকত্মত্রায়।

যজ্ঞস্যাবিচ্ছেদায় তৃতম্।।৮।।

এতদা উ স্বাদীয়ো যদধিগবং ক্ষীরং।

বা মাংসং বা তদো নাশ্নীয়াত্।।৯।।

- (অতিথৌ অশিতবতি)- অতিথির ভোজন করার পরে সেই গৃহস্থ (অশ্নীয়াত্) আহার করবে,(যজ্ঞস্য)- যজ্ঞের (সাত্মত্বায়)- অনুভূতির জন্য আর (যজ্ঞস্য)- যজ্ঞের (অবিচ্ছেদায়)- নিরন্তর প্রবৃত্তির জন্য (তত)- সে (ব্রতম)- নিয়ম।।৮।।

অর্থাৎ অতিথির সৎকার করাতে গৃহস্থের শুভকর্ম নির্বিঘ্ন হয়ে সদা চলতে থাকে।৮

গৃহস্থের ইহাই সুখদায়ী হয় যে তিথির উৎস-উত্তম রুচিকর বুদ্ধিবর্ধক পদার্থ ভোজন করিয়ে আপনি ভোজন করবেন, যাহা থেকে সে সৎকৃত বিদ্বান যথাবিধ উপদেশ করেন।

নৃযজ্ঞ বা মনুষ্যযজ্ঞ হল নিঃস্বার্থভাবে মানুষের সেবা। বোধায়ন গৃহসূত্রের দ্বিতীয় প্রশ্নের চতুর্থ অধ্যায়ে পঞ্চ মহাযজ্ঞ আলোচনা প্রসঙ্গে মনুষ্যযজ্ঞ সম্বন্ধে বলা হয়েছে, "মনুষ্যযজ্ঞো দানম্ আমূলফলশাকেভ্যঃ" – মূল, ফল, শাক প্রভৃতি থেকে শুরু করে সমস্ত প্রকার ভোজ্য পদার্থ দানই মনুষ্যযজ্ঞ।

ভারদ্বাজ গৃহসূত্রের তৃতীয় প্রশ্নের পঞ্চদশ সূত্রে বলা হয়েছে – **"যদ্ অতিথিভ্যোহন্নং দদাতি স মনুষ্যযজ্ঞঃ"** – প্রতিদিন অতিথিদের উদ্দেশ্যে অন্ন প্রদানই মনুষ্যযজ্ঞ।

এজন্য গৃহস্থের বাড়ি থেকে ভিক্ষুক, সন্ন্যাসী প্রভৃতিরা ভিক্ষা করতে এলে তাদেরকে ফেরানোর প্রথা নেই। প্রসঙ্গতঃ, হিন্দু সংস্কৃতিতে যাঁরা নেহাতই অভাবের তাড়নায় অন্যের কাছে হাত পাতে তাদেরকে ভিক্ষুক বলা হত না। কারণ ভারতবর্ষের সমাজ ব্যবস্থায় কোন ব্যক্তির

প্রয়োজনীয় কর্মের অভাব কখনও হত না। যাঁরা সংসারের প্রতি বৈরাগ্যবশতঃ কিংবা মানবসেবার জন্য নির্মিত আশ্রম বা গুরুকুল চালানোর জন্য গৃহস্থের দ্বারস্থ হতেন তাঁদেরকেই ভিক্ষুক বলা হত। সময়ের সঙ্গে সঙ্গে ব্যবস্থার পরিবর্তন হলেও এমন ব্যক্তি এখনও সমাজে আছেন। বর্তমানের ফ্ল্যাটবদ্ধ জীবনে, রাস্তাঘাটে যথার্থ ভিক্ষুকের অভাবে এই মনুষ্যযজ্ঞের নির্বহনের যথাযথ পন্থা আশ্রয় করা প্রয়োজন।

"A hundred times every day I remind myself that my inner and outer life depend on the labours of other men, living and dead, and that I must exert myself in order to give in the same measure as I received and am still receiving." -Albert Einstein.

তথাহি মহাভারতে শান্তিপর্ব্বণি মোক্ষপর্বাধ্যায়ে (১৯১/১২)

অতিথির্যস্য ভগ্নাশো গৃহাৎ প্রতিনিবর্ত্ততে।

স তস্মৈ দুষ্কৃতিং দত্ত্বা পুণ্যমাদায় গচ্ছতি।। ১।।

টীকা। অতিথিঃ যস্য গৃহাৎ ভগ্নাশঃ নিরাশঃ সন্ প্রতিনিবর্ত্ততে প্রত্যাবর্ত্ততে পরাঙ্মুখঃ প্রতিষ্ঠতে, স অতিথিঃ তস্মৈ গৃহস্থায় নিজহস্কৃতিম্ আচরিতং পাপকর্ম্মফলং দত্ত্বা তস্য গৃহস্থস্য সকলাং সুকৃতিং গৃহীত্বা গচ্ছতি। ১।

অনুবাদ। অতিথি অন্নপান ও অভ্যর্থনা না পাইয়া যে গৃহস্থের গৃহ হইতে নিরাশ হইয়া ফিরিয়া যায়, সে সেই গৃহস্থকে তাহার সমস্ত দুষ্কৃতি প্রদান করিয়া তাহার সমস্ত পুণ্য গ্রহণ করিয়া চলিয়া যায়। ১।

যার বা না থাকে কিছু পূর্ব্বাদৃষ্ট-দোষে।

সেহো তৃণ জল ভূমি দিবেক সন্তোষে।

তথাহি (মনুসংহিতায়াং ৩/১০১)-

"তৃণানি ভূমিরুদকং বাক্ চতুর্থী চ সূনৃতা।

এতান্যপি সতাং গেহে নোচ্ছিদ্যন্তে কদাচন।" ১(ক)।

টীকা। "তৃণানীতি। অন্নাসম্ভবে পুনস্তৃণ-বিশ্রামভূমি-পাদ-প্রক্ষালনাদ্যর্থজল-প্রিয়বচনান্যপি ধার্মিকগৃহেষ্বতিথ্যর্থং ন কদাচিৎ উচ্ছিদ্যন্তে,----অবশ্যবদেয়ানীতি বিধীয়তে। তৃণগ্রহণং শরনীয়োপলক্ষণার্থম্ ১ (ক)।

অনুবাদ। [দরিদ্রতা-নিবন্ধন অন্নদানে অসমর্থ হইলেও, অতিথির] শয়নের জন্য তৃণ, বিশ্রামের জন্য ভূমি, পাদ-প্রক্ষালনাদির জন্য জল, আর চতুর্থত প্রিয়বচন-- ধার্মিকের গৃহে এ সকলের উচ্ছেদ বা অভাব কখনই হইতে পারে না। ১ (ক)

(৫) ভৌত বা ভূত যজ্ঞ –

ভৌতযজ্ঞ হল মনুষ্যেতর প্রাণীদের সেবা। ভূত শব্দের অনেক অর্থের মধ্যে একটি অর্থ হল প্রাণী। এই ভূতযজ্ঞে পরিবেশের নানাবিধ প্রাণীর সেবা করা হয়। গরু, কুকুর প্রভৃতি বৃহদাকার প্রাণী; কাক, চড়াই পাখি; পিঁপড়ে প্রভৃতি কীট; প্রজাপতি পতঙ্গ; মাছ প্রভৃতি জলচর – এদের সকলের উপযুক্ত খাদ্য প্রদান করাকে ভৌতযজ্ঞ বা ভূতযজ্ঞ বলা হয়।

প্রাণীদিগকে (গো, মহিষ, কুকুর, বিড়াল, পাখি বা অন্যান্য) বৃক্ষ বা উদ্ভিদ ইত্যাদিদের খাদ্য পানীয় দ্বারা সেবা ও পোষণের মাধ্যমে ভূতযজ্ঞ সম্পন্ন হয়। তুলসী গাছ বা অশ্বথ ইত্যাদিতে নিত্য জল অর্পণ হিন্দুদিগের নিত্য কর্তব্য। ইহা দ্বারা ভূত ঋণ পরিশোধ হয়। প্রতিটি উদ্ভিদ ও পশু-পাখী বা প্রাণীর এই পৃথিবীকে বসবাসযোগ্য করে তোলায় কিছু বা কিছু ভূমিকা আছে। গাছ অক্সিজেন সৃষ্টি না করলে আমরা সকলেই মৃত হইতাম। সুতরাং তাদের খাদ্য, পানীয়, ঔষধ দ্বারা পরিচর্যাই ভূত যজ্ঞ।

"অয়ং নিজঃ পরোবেতি গণনা লঘুচেতসাম।

উদার চরিতানাম তু বসুধৈব কুটুম্বকম।।"

---মূল শ্লোকটি মহা উপনিষদের ষষ্ঠ অধ্যায়ে প্রকাশিত হয়েছে, ঋগ্বেদেও উল্লেখিত এটি।

অর্থাৎ- "এটা আমার, ওটা অন্যের এই ভাব শুধু এক ক্ষুদ্র স্বার্থবাদী মানুষের। এক উদার চেতনা সম্পন্ন মানুষ এই পৃথিবীর সবাইকে একই পরিবারভুক্ত ভাবে।"

ইহলোকে তরুলতা, কীটপতঙ্গ মানুষ সবাই আমার আপন। লোকের পিতা, পিতামহগন, দেবগণ সবাই আপন। সকলের মাঝে এইপ্রকার আপনাকে বিলাইয়া দেবার বিধান, বোধহয় পৃথিবীর আর কোন শাস্ত্রে নাই। এই বিধানের মাঝে মনুষত্বের পরম আদর্শ হিন্দু ধর্মের গৌরব।

Nobel Prize Lecture

Mother Teresa

As we have gathered here together to thank God for the Nobel Peace Prize I think it will be beautiful that we pray the prayer of St. Francis of Assisi which always surprises me very much - we pray this prayer every day after Holy Communion, because it is very fitting for each one of us, and I always wonder that 4-500 years ago as St. Francis of Assisi composed this prayer that they had the same difficulties that we have today, as we compose this prayer that fits very nicely for us also. I think some of you already have got it - so we will pray together.

Let us thank God for the opportunity that we all have together today, for this gift of peace that reminds us that we have been created to live that peace, and Jesus became man to bring that good news to the poor. He being God became man in all things like us except sin, and he proclaimed very clearly that he had come to give the good news. The news was peace to all of good will and this is something that we all want - the peace of heart - and God loved the world so much that he gave his son - it was a giving - it is as much as if to say it hurt God to give, because he loved the world so much that he gave his son, and he gave him to Virgin Mary, and what did she do with him?

As soon as he came in her life - immediately she went in haste to give that good news, and as she came into the house of her cousin, the child - the unborn child - the child in the womb of Elizabeth, leapt with joy. He was that little unborn child, was the first messenger of peace. He recognised the Prince of Peace, he recognised that Christ has come to bring the good news for you and for me. And as if that was not enough - it was not enough to become a man - he died on the cross to show that greater love, and he died for you and for me and for that leper and for that man dying of hunger and that naked person lying in the street not only of Calcutta, but of Africa, and New York, and London, and Oslo - and insisted that we love one another as he loves each one of us. And we read that in the Gospel very clearly - love as I have loved you - as I love you - as the Father has loved me, I love you - and the harder the Father loved him, he gave him to us, and how much we love one another, we, too, must give each other until it hurts. It is not enough for us to say: I love God, but I do not love my neighbour. St. John says you are a liar if you say you love God and you don't love your neighbour. How can you love God whom you do not see, if you do not love your neighbour whom you see, whom you touch, with whom you live. And so this is very important for us to realise that love, to be true, has to hurt. It hurt Jesus to love us, it hurt him. And to make sure we remember his great love he made himself the bread of life to satisfy our hunger for his love. Our hunger for God, because we have been created for that love. We have been created in his image. We have been created to love and be loved, and then he has become man to make it possible for us to love as he loved us. He makes himself the hungry one - the naked one - the homeless one - the sick one - the one in prison - the lonely one - the unwanted one - and he says: You did it to me. Hungry for our love, and this is the hunger of our poor people. This is the hunger that you and I must find, it may be in our own home.

I never forget an opportunity I had in visiting a home where they had all these old parents of sons and daughters who had just put them in an institution and forgotten maybe. And I went there, and I saw in that home they had everything, beautiful things, but everybody was looking towards the door. And I did not see a single one with their smile on their face. And I turned to the Sister and I asked: How is that? How is it that the people they have everything here, why are they all looking towards the door, why are they not smiling? I am so used to see the smile on our people, even the dying one smile, and she said: This is nearly every day, they are expecting, they are hoping that a son or daughter will come to visit them. They are hurt because they are forgotten, and see - this is where love comes. That poverty comes right there in our own home, even neglect to love. Maybe in our own family we have somebody who is feeling lonely, who is feeling sick, who is feeling worried, and these are difficult days for everybody. Are we there, are we there to receive them, is the mother there to receive the child?

I was surprised in the West to see so many young boys and girls given into drugs, and I tried to find out why - why is it like that, and the answer was: Because there is no one in the family to receive them. Father and mother are so busy they have no time. Young parents are in some institution and the child takes back to the street and gets involved in something. We are talking of peace. These are things that break peace, but I feel the greatest destroyer of peace today is abortion, because it is a direct war, a direct killing - direct murder by the mother herself. And we read in the Scripture, for God says very clearly: Even if a mother could forget her child - I will not forget you - I have carved you in the palm of my hand. We are carved in the palm of His hand, so close to Him that unborn child has been carved in the hand of God. And that is what strikes me most, the beginning of that sentence, that even if a mother could forget something impossible - but even if she could forget - I will not forget you. And today the greatest means - the greatest destroyer of peace is abortion. And we who are standing here - our parents wanted us. We would not be here if our parents would do that to us. Our children, we want them, we love them, but what of the millions. Many people are very, very concerned with the children in India, with the children in Africa where quite a number die, maybe of malnutrition, of hunger and so on, but millions are dying deliberately by the will of the mother. And this is what is the greatest destroyer of peace today. Because if a mother can kill her own child – what is left for me to kill you and you kill me - there is nothing between. And this I appeal in India, I appeal everywhere: Let us bring the child back, and this year being the child's year: What have we done for the child? At the beginning of the year I told, I spoke everywhere and I said: Let us make this year that we make every single child born, and unborn, wanted. And today is the end of the year, have we really made the children wanted? I will give you something terrifying. We are fighting abortion by adoption, we have saved thousands of lives, we have sent words to all the clinics, to the hospitals, police stations - please don't destroy the child, we will take the child. So every hour of the day and night it is always somebody, we have quite a number of unwedded mothers - tell them come, we will take care of you, we will take the child from you, and we will get a home for the child. And we have a tremendous demand from families who have no children, that is the blessing of God for us. And also, we are doing another thing which is very beautiful - we are teaching our beggars, our leprosy patients, our slum dwellers, our people of the street, natural family planning.

And in Calcutta alone in six years - it is all in Calcutta - we have had 61,273 babies less from the families who would have had, but because they practise this natural way of abstaining, of selfcontrol, out of love for each other. We teach them the temperature meter which is very beautiful, very simple, and our poor people understand. And you know what they have told me? Our family is healthy, our family is united, and we can have a baby whenever we want. So clear - those people in the street, those beggars - and I think that if our people can do like that how much more you and all the others who can know the ways and means without destroying the life that God has created in us.

The poor people are very great people. They can teach us so many beautiful things. The other day one of them came to thank and said: You people who have vowed chastity you are the best people to teach us family planning. Because it is nothing more than self-control out of love for each other. And I think they said a beautiful sentence. And these are people who maybe have nothing to eat, maybe they have not a home where to live, but they are great people. The poor are very wonderful people. One evening we went out and we picked up four people from the street. And one of them was in a most terrible condition - and I told the Sisters: You take care of the other three, I take of this one that looked worse. So I did for her all that my love can do. I put her in bed, and there was such a beautiful smile on her face. She took hold of my hand, as she said one word only: Thank you - and she died.

I could not help but examine my conscience before her, and I asked what would I say if I was in her place. And my answer was very simple. I would have tried to draw a little attention to myself, I would have said I am hungry, that I am dying, I am cold, I am in pain, or something, but she gave me much more - she gave me her grateful love. And she died with a smile on her face. As that man whom we picked up from the drain, half eaten with worms, and we brought him to the home. I have lived like an animal in the street, but I am going to die like an angel, loved and cared for. And it was so wonderful to see the greatness of that man who could speak like that, who could die like that without blaming anybody, without cursing anybody, without comparing anything. Like an angel - this is the greatness of our people. And that is why we believe what Jesus had said: I was hungry - I was naked - I was homeless - I was unwanted, unloved, uncared for - and you did it to me.

I believe that we are not real social workers. We may be doing social work in the eyes of the people, but we are really contemplatives in the heart of the world. For we are touching the Body of Christ 24 hours. We have 24 hours in this presence, and so you and I. You too try to bring that presence of God in your family, for the family that prays together stays together. And I think that we in our family don't need bombs and guns, to destroy to bring peace - just get together, love one another, bring that peace, that joy, that strength of presence of each other in the home. And we will be able to overcome all the evil that is in the world.

There is so much suffering, so much hatred, so much misery, and we with our prayer, with our sacrifice are beginning at home. Love begins at home, and it is not how much we do, but how much love we put in the action that we do. It is to God Almighty - how much we do it does not matter, because He is infinite, but how much love we put in that action. How much we do to Him in the person that we are serving.

Some time ago in Calcutta we had great difficulty in getting sugar, and I don't know how the word got around to the children, and a little boy of four years old, Hindu boy, went home and told his parents: I will not eat sugar for three days, I will give my sugar to Mother Teresa for her children. After three days his father and mother brought him to our home. I had never met them before, and this little one could scarcely pronounce my name, but he knew exactly what he had come to do. He knew that he wanted to share his love.

And this is why I have received such a lot of love from you all. From the time that I have come here I have simply been surrounded with love, and with real, real understanding love. It could feel as if everyone in India, everyone in Africa is somebody very special to you. And I felt quite at home I was telling Sister today. I feel in the Convent with the Sisters as if I am in Calcutta with my own Sisters. So completely at home here, right here.

And so here I am talking with you - I want you to find the poor here, right in your own home first. And begin love there. Be that good news to your own people. And find out about your next-door neighbour - do you know who they are? I had the most extraordinary experience with a Hindu family who had eight children. A gentleman came to our house and said: Mother Teresa, there is a family with eight children, they had not eaten for so long - do something. So I took some rice and I went there immediately. And I saw the children - their eyes shinning with hunger - I don't know if you have ever seen hunger. But I have seen it very often. And she took the rice, she divided the rice, and she went out. When she came back I asked her - where did you go, what did you do? And she gave me a very simple answer: They are hungry also. What

struck me most was that she knew - and who are they, a Muslim family - and she knew. I didn't bring more rice that evening because I wanted them to enjoy the joy of sharing. But there were those children, radiating joy, sharing the joy with their mother because she had the love to give. And you see this is where love begins - at home. And I want you - and I am very grateful for what I have received. It has been a tremendous experience and I go back to India - I will be back by next week, the 15th I hope - and I will be able to bring your love.

And I know well that you have not given from your abundance, but you have given until it has hurt you. Today the little children they have - I was so surprised - there is so much joy for the children that are hungry. That the children like themselves will need love and care and tenderness, like they get so much from their parents. So let us thank God that we have had this opportunity to come to know each other, and this knowledge of each other has brought us very close. And we will be able to help not only the children of India and Africa, but will be able to help the children of the whole world, because as you know our Sisters are all over the world. And with this prize that I have received as a prize of peace, I am going to try to make the home for many people that have no home. Because I believe that love begins at home, and if we can create a home for the poor - I think that more and more love will spread. And we will be able through this understanding love to bring peace, be the good news to the poor. The poor in our own family first, in our country and in the world.

To be able to do this, our Sisters, our lives have to be woven with prayer. They have to be woven with Christ to be able to understand, to be able to share. Because today there is so much suffering - and I feel that the passion of Christ is being relived all over again - are we there to share that passion, to share that suffering of people. Around the world, not only in the poor countries, but I found the poverty of the West so much more difficult to remove. When I pick

up a person from the street, hungry, I give him a plate of rice, a piece of bread, I have satisfied. I have removed that hunger. But a person that is shut out, that feels unwanted, unloved, terrified, the person that has been thrown out from society - that poverty is so hurtable and so much, and I find that very difficult. Our Sisters are working amongst that kind of people in the West. So you must pray for us that we may be able to be that good news, but we cannot do that without you, you have to do that here in your country. You must come to know the poor, maybe our people here have material things, everything, but I think that if we all look into our own homes, how difficult we find it sometimes to smile at each, other, and that the smile is the beginning of love.

And so let us always meet each other with a smile, for the smile is the beginning of love, and once we begin to love each other naturally we want to do something. So you pray for our Sisters and for me and for our Brothers, and for our Co-Workers that are around the world. That we may remain faithful to the gift of God, to love Him and serve Him in the poor together with you. What we have done we should not have been able to do if you did not share with your prayers, with your gifts, this continual giving. But I don't want you to give me from your abundance, I want that you give me until it hurts.

The other day I received 15 dollars from a man who has been on his back for twenty years, and the only part that he can move is his right hand. And the only companion that he enjoys is smoking. And he said to me: I do not smoke for one week, and I send you this money. It must have been a terrible sacrifice for him, but see how beautiful, how he shared, and with that money I bought bread and I gave to those who are hungry with a joy on both sides, he was giving and the poor were receiving. This is something that you and I - it is a gift of God to us to be able to share our love with others. And let it be as it was for Jesus. Let us love one another as he loved us. Let us love Him with undivided love. And the joy of loving Him and each other - let us give now - that Christmas is coming so close. Let us keep that joy of loving Jesus in our hearts. And share that joy with all that we come in touch with. And that radiating joy is real, for we have no reason not to be happy because we have no Christ with us. Christ in our hearts, Christ in the poor that we meet, Christ in the smile that we give and the smile that we receive.

Let us make that one point: That no child will be unwanted, and also that we meet each other always with a smile, especially when it is difficult to smile.

I never forget some time ago about fourteen professors came from the United States from different universities. And they came to Calcutta to our house. Then we were talking about that they had been to the home for the dying. We have a home for the dying in Calcutta, where we have picked up more than 36,000 people only from the streets of Calcutta, and out of that big number more than 18,000 have died a beautiful death. They have just gone home to God; and they came to our house and we talked of love, of compassion, and then one of them asked me: Say, Mother, please tell us something that we will remember, and I said to them: Smile at each other, make time for each other in your family. Smile at each other. And then another one asked me: Are you married, and I said: Yes, and I find it sometimes very difficult to smile at Jesus because he can be very demanding sometimes. This is really something true, and there is where love comes - when it is demanding, and yet we can give it to Him with joy. Just as I have

said today, I have said that if I don't go to Heaven for anything else I will be going to Heaven for all the publicity because it has purified me and sacrificed me and made me really ready to go to Heaven. I think that this is something, that we must live life beautifully, we have Jesus with us and He loves us. If we could only remember that God loves me, and I have an opportunity to love others as he loves me, not in big things, but in small things with great love, then Norway becomes a nest of love. And how beautiful it will be that from here a centre for peace has been given. That from here the joy of life of the unborn child comes out. If you become a burning light in the world of peace, then really the Nobel Peace Prize is a gift of the Norwegian people. God bless you!

জগতের হিতসাধন

‘অপরের প্রতি আমাদের কর্তব্যের অর্থ – অপরকে সাহায্য করা, জগতের উপকার করা। কেন আমরা জগতের উপকার করিব? আপাতত বোধ হয় যে, আমরা জগৎকে সাহায্য করিতেছি, বাস্তবিক কিন্তু আমরা নিজেদেরই সাহায্য করিতেছি। আমাদের সর্বদাই জগতের উপকার করিবার চেষ্টা করা আবশ্যক, ইহাই যেন আমাদের কর্মপ্রবৃত্তির শ্রেষ্ঠ-প্রেরণা হয়; কিন্তু যদি আমরা বিশেষ বিচার করিয়া দেখি, তবে দেখিব, আমাদের নিকট হইতে এই জগতের কোন সাহায্যেরই প্রয়োজন নাই। তুমি আমি আসিয়া উপকার করিব বলিয়া এই জগৎ সৃষ্ট হয় নাই। আমি একবার এক (খ্রীস্টীয়) ধর্মোপদেশে পড়িয়াছিলাম, ‘এই সুন্দর জগৎ অতি মঙ্গলময়, কারণ এখানে আমরা অপরকে সাহায্য করিবার সময় ও সুবিধা পাই।’ বাহ্যত ইহা অতি সুন্দর ভাব বটে, কিন্তু জগতে আমাদের সাহায্য প্রয়োজন – এইরূপ বলা কি ঈশ্বরনিন্দা নয়? অবশ্য জগতে যে কাজ করি, তাহার মধ্যে অপরকে সাহায্য করাই সর্বাপেক্ষা ভাল কাজ। যদিও আমরা শেষ পর্যন্ত দেখিব – পরকে সাহায্য করা নিজেরই উপকার করা।

তথাপি আমাদিগকে পরোপকার করিতে হইবে; ইহাই আমাদের কর্মপ্রবৃত্তির সর্বোচ্চ প্রেরণা, কিন্তু আমাদের সর্বদাই জানা উচিত যে, পরোপকার করা এক পরম সুযোগ ও সৌভাগ্য। উচ্চ মঞ্চের উপর দাঁড়াইয়া পাঁচটি পয়সা লইয়া গরিবকে বলিও না, 'এই নে বেচারা', বরং তাহার প্রতি কৃতজ্ঞ হও – ঐ গরিব লোকটি আছে বলিয়া তাহাকে সাহায্য করিয়া নিজের উপকার করিতে পারিতেছ। যে গ্রহণ করে সে ধন্য হয় না, যে দান করে সেই ধন্য হয়। তুমি যে তোমার দয়া ও করুণাশক্তি জগতে প্রয়োগ করিয়া নিজেকে পবিত্র ও সিদ্ধ করিতে সমর্থ হইতেছ, এজন্য তুমি কৃতজ্ঞ হও।

এই দেহটা – যাতে 'আমি' অভিমান করে বসে আছিস, এই দেহটা পরের জন্য উৎসর্গ করেছি, এ কথা ভাবতে গেলে এই আমিত্বটাকে ভুলে যেতে হয়। অন্তিমে বিদেহী-বুদ্ধি আসে। তুই যত একাগ্রতার সহিত পরের ভাবনা ভাববি, ততটা আপনাকে বুলে যাবি। এরূপে কর্মে যখন ক্রমে চিত্তশুদ্ধি হয়ে আসবে, তখন তোরই আত্মা সর্বজীবে সর্বঘটে বিরাজমান – এ তত্ত্ব দেখতে পাবি। তাই পরের হিতসাধন হচ্ছে আপনার আত্মার বিকাশের একটা উপায়, একটা পথ। এও জানবি এক প্রকারের ঈশ্বর-সাধনা। এরও উদ্দেশ্য হচ্ছে – আত্মবিকাশ।

যখন তুমি কোন লোককে কিছু দাও এবং পরিবর্তে কিছুই আশা না কর, সে তোমার কাছে কৃতজ্ঞ থাকুক এটুকুও না চাও, তখন তাহার অকৃতজ্ঞতা তোমার উপর কোন প্রতিক্রিয়া করিবে না, কারণ তুমি কিছুই প্রত্যাশা কর নাই, তোমার প্রতিদান পাইবার কোন অধিকার আছে। তাহার যাহা প্রাপ্য ছিল, তুমি তাহাই দিয়াছিলে। তাহার নিজ কর্মের ফলেই সে উহা পাইয়াছে, তোমার কর্ম তোমাকে

বাহক করিয়াছিল মাত্র? জগৎ নিজ কর্মের দ্বারা উহা লাভ করিবার যোগ্য হইয়াছিল। ইহাতে তোমার অহংকারের কারণ কি? জগৎকে তুমি যাহা দিতেছ, তাহা এমন একটা বড় কিছু নয়।

কিছুই আকাঙ্ক্ষা করিও না; প্রতিদানে কিছুই চাহিও না। যাহা তোমার দিবার আছে দাও; ইহা তোমার নিকট ফিরিয়া আসিবে, কিন্তু ইহার উপর মনোনিবেশ মোটেই করিবে না। দানের শক্তি লাভ কর; দাও – ব্যস, সেখানেই শেষ। শিক্ষা কর – দান করিবার জন্যই এ জীবন, প্রকৃতি তোমাকে দান করিতে বাধ্য করিবে; সুতরাং স্বেচ্ছায় দান কর। শীঘ্রই হউক আর বিলম্বেই হউক, তোমাকে ত্যাগ করিতেই হইবে – যাহা দেয়, তাহা দিতেই হইবে। তুমি এই সংসারে আসো সঞ্চয় করিবার জন্য। মুষ্টি বদ্ধ করিয়া তুমি গ্রহণ করিতে চাও; কিন্তু প্রকৃতি তোমার গলা টিপিয়া তোমাকে দান করিতে বাধ্য করে। তোমার ইচ্ছা থাকুক বা না থাকুক, তোমাকে দিতেই হইবে। যে মুহূর্তে তুমি বলিবে, ‘আমি দিব না’, সেই মুহূর্তেই আঘাত আসিয়া তোমাকে দুঃখ দিবে। এমন কেহই নাই যে পরিণামে সর্বস্ব ত্যাগ করিতে বাধ্য না হইবে। এই নিয়মের বিরুদ্ধে যে যত বেশি সংগ্রাম করিবে, সে তত বেশি দুঃখ অনুভব করিবে। আমরা ত্যাগ করিতে সাহস করি না বলিয়াই, প্রকৃতির এই বিরাট দাবি বিনীতভাবে মানিয়া লইতে স্বীকার করি না বলিয়াই দুঃখ পাই। ধর, অরণ্য লোপ পাইল, কিন্তু ইহার ফলস্বরূপ আমরা সূর্যের উত্তাপ পাই। সূর্য সাগর হইতে জল আহরণ করিয়া বৃষ্টিধারারূপে উহা প্রত্যার্পণ করে। তুমি আদান-প্রদানের যন্ত্রস্বরূপ; তুমিও দান করিবার জন্যই গ্রহণ কর। সুতরাং প্রতিদানে কিছুই চাহিও না; যতই দান করিবে, ততই সবকিছু তোমার নিকট ফিরিয়া আসিবে। যত শীঘ্র এই কক্ষটি বায়ুশূন্য করিবে, তত শীঘ্র ইহা

বাহিরের বায়ু দ্বারা পূর্ণ হইবে; কিন্তু সমস্ত দরজা, সমস্ত ছিদ্র বন্ধ করিয়া দিলে ভিতরের বায়ু ভিতরেই থাকিবে, বাহিরের বায়ু কখনও ভিতরে আসিবে না; ফলে ভিতরের বায়ু গতিহীন হইয়া দূষিত ও বিষাক্ত হইবে। নদী অবিরত সাগরের মধ্যে নিজেকে নিঃশোষিত করিতেছে এবং পূর্ণ হইতেছে। সাগরের মধ্যে নদীর নির্গমন রুদ্ধ করিও না; যে মুহূর্তে ইহা করিবে, সেই মুহূর্তে তুমি মৃত্যুর কবলে পড়িবে।

বিদ্যা, বুদ্ধি, ধন, জন, বল, বীর্য – যাহা কিছু প্রকৃতি আমাদের নিকট সঞ্চিত করেন, তাহা পুনর্বার সঞ্চারের জন্য; এ কথা মনে থাকে না – গচ্ছিত ধনে আত্মবুদ্ধি হয়, অমনিই সর্বনাশের সূত্রপাত।

'সমাজকে ভালোবাসো, ক্ষুধার্তকে অন্ন দাও, দুর্গতকে সাহায্য কর, সত্য-ন্যায়ের সংগ্রামে সাহসী ভূমিকা রাখার শক্তি অর্জন করো।' – ঋগ্বেদ ০৭/৭৫/৯

নিঃস্বার্থপরতাই সাফল্য আনবে

এইরূপে মনের সমুদয় বহির্মুখ শক্তি স্বার্থের উদ্দেশ্যে ধাবিত হইয়া বিক্ষিপ্ত হয়, ঐগুলি আর তোমার নিকট ফিরিয়া আসিয়া তোমারশক্তি বিকাশে সাহায্য করে না, কিন্তু ঐগুলিকে সংযত করিলে তোমার শক্তি বর্ধিত হইবে এই সংযম হইতে মহৎ ইচ্ছা-শক্তি উদ্ভূত হইবে; উহা খ্রীষ্ট বা বুদ্ধের মতো চরিত্র সৃষ্টি করিবে। অজ্ঞ ব্যক্তিরা এই রহস্য জানে না, তথাপি তাহারা জগতের উপর প্রভুত্ব করিতে চায়। নির্বোধ ব্যক্তি জানে না যে, সে যদি কাজ করে এবং কিছুদিন অপেক্ষা করে, তবে সমুদয় জগৎ শাসন করিতে পারে। অনেক পশু যেমন কয়েক পদ অগ্রে কি আছে, তাহার কিছুই জানিতে পারে না, আমাদের মধ্যে অনেকেই অল্প কয়েক বৎসর পরে কি ঘটিবে, তাহার কিছুই অনুমান করিতে পারে না। আমরা যেন একটি সংকীর্ণ বৃত্তের মধ্যে আবদ্ধ – ইহাই আমাদের সমুদয় জগৎ। উহার বাহিরে আর কিছু দেখিবার ধৈর্য আমাদের নাই, এইভাবেই আমরা অসাধু ও দুর্বৃত্ত হইয়া পড়ি। ইহাই আমাদের দুর্বলতা – শক্তিহীনতা।

সবচেয়ে বড় পাপ স্বার্থপরতা – আগে নিজের ভাবনা ভাবা। যে মনে করে – আমি আগে খাইব, আমি অপরের চেয়ে অধিক

ঐশ্বর্যশালী হইব, আমি সর্বসম্পদের অধিকারী হইব; যে মনে করে –
আমি অপরের আগে স্বর্গে যাইব, আমি অপরের আগে মুক্তিলাভ করিব,
সেই ব্যক্তিই স্বার্থপর। স্বার্থশূন্য ব্যক্তি বলেন, আমার পালা সকলের
শেষে, আমি স্বর্গে যাইতে চাই না – যদি আমার ভ্রাতৃবর্গকে সাহায্য
করিবার জন্য নরকে যাইতে হয়, তাহাতেও প্রস্তুত আছি। কেহ ধার্মিক
কি অধার্মিক – পরীক্ষা করিতে হইলে দেখিতে হইবে, সে ব্যক্তি
কতদূর নিঃস্বার্থ। যে অধিক নিঃস্বার্থ, সে-ই অধিক ধার্মিক, সে-ই
শিবের সামীপ্য লাভ করে; সে পণ্ডিতই হউক, মূর্খই হউক, শিবের
বিষয় কিছু জানুক বা না জানুক, সে অপরের ব্যক্তি অপেক্ষা শিবের
অধিকতর নিকটবর্তী। আর যদি কেহ স্বার্থপর হয়, সে যদি চিতাবাঘের
মতো সাজিয়া বসিয়া থাকে, তাহা হইলেও সে শিব হইতে অনেক দূরে
অবস্থিত।

প্রত্যেক সফলকাম ব্যক্তিরই কৃতকার্যতার পশ্চাতে কোথাও
অসাধারণ দৃঢ়তা ও ঐকান্তিকতা বর্তমান। ইহাই তাহার জীবনে বিরাট
সফলতার হেতু। সে হয়তো সম্পূর্ণ স্বার্থশূন্য হইতে পারে নাই, কিন্তু
সে ক্রমশ এই আদর্শের দিকই অগ্রসর হইতেছিল। সে যদি
সম্পূর্ণরূপে স্বার্থশূন্য হইতে পারিত, তবে তাহার জীবন বুদ্ধ বা খ্রীষ্টের
জীবনের মতো মহান ও সার্থক হইতে পারিত। স্বার্থশূন্যতার
তারতম্যের উপরই সর্বক্ষেত্রে সফলতার তারতম্য নির্ভর করে।

"One can live alone, who lives for others." – Swami
Vivekananda.

কর্ম সম্পর্কে শ্রীকৃষ্ণ ও অর্জুন কথোপকথন

যামিমাং পুষ্পিতাং বাচং প্রবদন্ত্যবিপশ্চিতঃ।

বেদবাদরতাঃ পার্থ নান্যদস্তীতিবাদিনঃ ॥ ৪২/২ অ

কামাত্মানঃ স্বর্গপরা জন্মকর্মফলপ্রদাম্।

ক্রিয়াবিশেষবহুলাং ভোগৈশ্বর্যগতিং প্রতি ॥ ৪৩

ভোগৈশ্বর্য প্রসক্তানাং তয়াপহৃতচেতসাম্।

ব্যবসায়াত্মিকা বুদ্ধিঃ সমাধৌ ন বিধীয়তে ॥ ৪৪

হে পার্থ, অবিবেকী পুরুষগণ বেদোক্ত কর্মের প্রশংসায় অনুরক্ত। স্বর্গাদিফলজনক কর্ম ব্যতীত অন্য কিছুই নাই-তাঁহারা এইরূপ বিশ্বাস করেন। তাঁহারা কামনাযুক্ত ও স্বর্গকামী। তাঁহারা জন্মরূপ কর্মফলপ্রদানকারী এবং ভোগপ্রাপ্তি ও ঐশ্বর্যলাভের উপযোগী বহু ক্রিয়াকলাপের প্রশংসা করিয়া থাকেন। যাহাদের চিত্ত সেই সকল পুষ্পিত (আপাতমনোরম) বাক্যে বিমুগ্ধ এবং ভোগ ও ঐশ্বর্যে আসক্ত,

তাহাদের অন্তঃকরণে পূর্বশ্লোকোক্ত নিশ্চয়াত্মিকা (শাস্ত্রানুসারিণী) শুদ্ধা বুদ্ধি (বিবেকপ্রজ্ঞা) স্থির হয় না।

ত্রৈগুণ্যবিষয়া বেদা নিস্ত্রৈগুণ্যো ভবার্জুন।

নির্দ্বন্দ্বো নিত্যসত্ত্বস্থো নির্যোগক্ষেম আত্মবান্ ॥ ৪৫

হে অর্জুন, বেদের কর্মকাণ্ড কামনামূলক ও সংসৃতি- দায়ক। তুমি নিষ্কাম হও এবং ঈশ্বরার্থ কর্ম কর। তুমি সুখ-দুঃখাদি দ্বন্দ্বরহিত ও সদা সত্ত্বগুণাশ্রিত হও এবং যোগ (অপ্রাপ্তের প্রাপ্তি) এবং ক্ষেমের (প্রাপ্তের রক্ষণের) আকাঙ্ক্ষারহিত ও অপ্রমত্ত হও।

যাবানর্থ উদপানে সর্বতঃ সংপ্লুতোদকে।

তাবান্ সর্বেষু বেদেষু ব্রাহ্মণস্য বিজানতঃ ॥ ৪৬

সর্বস্থান জলপ্লাবিত হইলে যেরূপ কূপাদি ক্ষুদ্র জলাশয়ে স্নানপানাদিরূপ প্রয়োজনসমূহ প্লাবনের জলরাশিতে সিদ্ধ হয়, সেইরূপ ব্রহ্মজ্ঞ পুরুষের (পূর্ণোদকস্থানীয়) ব্রহ্মানন্দরূপ যে ফল তাহাতে (ক্ষুদ্র জলাশয়স্থানীয়) বেদোক্ত সকল কাম্য কর্মের ফল অন্তর্ভুক্ত হয়।

কর্মণ্যেবাধিকারন্তে মা ফলেষু কদাচন।

মা কর্মফলহেতুর্ভূমা তে সঙ্গোঽস্ত্বকর্মণি॥ ৪৭

কর্মে তোমার অধিকার, ফলে নহে। অতএব কর্ম কর। সুতরাং কর্মফল-প্রাপ্তির হেতু হইও না। আবার কর্মত্যাগেও তোমার প্রবৃত্তি না হউক।

যোগস্থঃ কুরু কর্মাণি সঙ্গং ত্যক্ত্বা ধনঞ্জয়।

সিদ্ধ্যসিদ্ধ্যোঃ সমো ভূত্বা সমত্বং যোগ উচ্যতে। ৪৮

হে ধনঞ্জয়, যোগস্থ হইয়া অর্থাৎ কেবল ঈশ্বরার্থে কর্ম কর। কর্তৃত্বাদি-অভিনিবেশশূন্য হইয়া কার্য করিলে সত্ত্বশুদ্ধিজনিত জ্ঞানপ্রাপ্তিরূপ সিদ্ধিতে হর্ষ এবং তদ্বিপর্যয়ে বিষাদ উপস্থিত হয়। উহাতে নির্বিকার থাকিয়া কর্ম কর। ফলাফলে চিত্তের সমত্ব বা নির্বিকার ভাবই যোগ।

দূরেণ হ্যবরং কর্ম বুদ্ধিযোগাদ্‌ ধনঞ্জয়।

বুদ্ধৌ শরণমন্বিচ্ছ কৃপণাঃ ফলহেতবঃ ॥ ৪৯

হে ধনঞ্জয়, কাম্য কর্ম নিষ্কাম কর্ম অপেক্ষা নিতান্ত নিকৃষ্ট। অতএব তুমি কামনাশূন্য হইয়া সমত্ব বুদ্ধির আশ্রয় গ্রহণ কর। যাহারা ফলাকাঙ্ক্ষী হইয়া কর্ম করে, তাহারা অতি হীন।

বুদ্ধিযুক্তো জহাতীহ উভে সুকৃতদুষ্কৃতে।

তস্মাদ যোগায় যুজ্যস্ব যোগঃ কর্মসু কৌশলম্ ॥ ৫০

নিষ্কাম কর্মযোগী ঐহিক জীবনেই পাপ ও পুণ্য উভয় হইতে মুক্ত হন। সুতরাং তুমি নিষ্কাম কর্মযোগের অনুষ্ঠান কর। কর্মের কৌশলই যোগ।

কর্মজং বুদ্ধিমুক্তা হি ফলং ত্যক্ত্বা মনীষিণঃ।

জন্মবন্ধবিনিমুক্তাঃ পদং গচ্ছন্ত্যনাময়ম্ ॥ ৫১

নিষ্কাম কর্মযোগী মনীষিগণ কর্মজাত ফল ত্যাগ করিয়া জন্মরূপ বন্ধন হইতে মুক্ত হন এবং সর্বপ্রকার উপদ্রবরহিত ব্রহ্মপদ লাভ করেন।

যদা তে মোহকলিলং বুদ্ধির্ব্যতিতরিষ্যতি।

তদা গন্তাসি নির্বেদং শ্রোতব্যস্য শ্রুতস্য চ। ৫২

যখন তোমার বুদ্ধি মোহাত্মক অবিবেকরূপ কলুষ অতিক্রম করিবে, তখন তুমি শ্রোতব্য ও শ্রুত কর্মফল বিষয়ে বৈরাগ্যলাভ করিবে।

শ্রুতিবিপ্রতিপন্না তে যদা স্থাস্যতি নিশ্চলা।

সমাধাবচলা বুদ্ধিস্তদা যোগমবাপ্স্যসি ॥ ৫৩

নানা কর্মফলশ্রবণে বিক্ষিপ্ত তোমার চিত্ত যখন পরমাত্মাতে স্থির ও অচল হইবে, তখন তুমি তত্ত্বজ্ঞান লাভ করিবে।

"এবং প্রবর্তিতং চক্রং নানুবর্তয়তীহয়ঃ।

অঘায়ুরিন্দ্রিয়ারামো মোঘং পার্থ স জীবতি।।" ১৬/৩ অ. (গীতা)

– হে পার্থ, যে ব্যক্তি এই প্রকারে ঈশ্বর কর্তৃক প্রবর্তিত কর্মচক্রের অনুগামী না হয়, সেই ইন্দ্রিয়াসক্ত পাপী ব্যক্তি বৃথা জীবনধারণ করে।

"যস্ত্বাত্মরতিরেব স্যাদাত্মতৃপ্তশ্চ মানবঃ।

আত্মন্যেব চ সন্তুষ্টস্তস্য কার্যং ন বিদ্যতে।।" ১৭/৩ অ.

 – কিন্তু যে ব্যক্তি আত্মাতেই প্রীত, আত্মাতেই তৃপ্ত এবং আত্মাতেই সন্তুষ্ট, তাঁহার কোনো কর্তব্য নাই।

"তস্মাদসক্তঃ সততং কার্যং কাম সমাচর।

অসক্তো হ্যাচরণ-কর্ম পরমাপ্নোতি পুরুষঃ।।" ১৯/৩ অ.

– অতএব তুমি অসক্ত হইয়া সর্বদা কর্তব্য (নিত্য) কর্মে অনুষ্ঠান করো। কামনাশূন্য হইয়া কর্ম করিলে মানুষ নিশ্চয়ই মুক্তিলাভ করে।

"কর্মেন্দ্রিয়ানি সংযম্য য আস্তে মনসা স্মরণ্।

ইন্দ্রিয়ার্থান্ বিমূঢ়াত্মা মিথ্যাচারঃ স উচ্চ্যতে।।" ৬/৩ অ.

- যে মূঢ় হস্ত, পদ ও বাক্যাদি পঞ্চকর্মেন্দ্রিয় স্মরণপূর্বক অবস্থান করে, তাহাকে মিথ্যাচারী বলে।

"যস্ত্বিন্দ্রিয়াণি মনসা নিয়ম্যারভতেহর্জ্জুন।

কর্মেন্দ্রিয়ৈঃ কর্মযোগমসক্তঃ স বিশিষ্যতে।।" ৭/৩ অ.

- কিন্তু যিনি বিবেকযুক্ত মন দ্বারা চক্ষুকর্ণাদি পঞ্চ জ্ঞানেন্দ্রিয় সংযত করিয়া অনাসক্তভাবে কর্মেন্দ্রিয় দ্বারা কর্মানুষ্ঠান করেন, পূর্ব্বোক্ত মিথ্যাচারী অপেক্ষা শ্রেষ্ঠ।

"নিয়তঃ কুরু কর্ম ত্বং কর্ম জ্যায়ো হ্যকর্মণঃ।

শরীরযাত্রাপি চ তে না প্রসিধ্যেদকর্মণঃ।।" ৮/৩ অ.

-তুমি শাস্ত্রোপদিষ্ট নিত্যকর্ম কর। কর্ম না করা অপেক্ষা কর্ম করাই শ্রেয়ঃ। কর্মহীন হইলে তোমার দেহযাত্রাও নির্ব্বাহ হইবে না।

"যজ্ঞার্থাৎ কর্মণোহন্যত্র লোকোহয়ং কর্মবন্ধনঃ।

তদর্থং কর্ম কৌন্তেয় মুক্তসঙ্গঃ সমাচরঃ।।" ৯/৩ অ.

- ঈশ্বরের প্রীতির জন্য অনুষ্ঠিত কর্ম ব্যতীত অন্য কর্ম বন্ধনের কারণ হয়। অতএব তুমি ভগবানের উদ্দেশ্যে অনাসক্ত হইয়া বর্ণাশ্রমোচিত সর্ব কর্ম কর।

"ন কর্ম্মণামনারম্ভান্নৈষ্কর্ম্যং পুরুষোহশ্নুতে।

ন চ সংন্যসনাদেব সিদ্ধিং সমধিগচ্ছতি।।" ৪/৩ অ.

-কর্মানুষ্ঠান না করিয়া কেহ নৈষ্কর্ম্য লাভ করিতে পারে না। কর্মযোগে চিত্তশুদ্ধি ও আত্মাবিবেক না হইলে নৈষ্কর্ম্যসিদ্ধি হয় না। কেবলমাত্র জ্ঞানশূন্য কর্মত্যাগ দ্বারা মুক্ত আস্থালাভ অসম্ভব।

“ন হি কশ্চিৎ ক্ষণমপি জাতু তিষ্ঠত্যকর্মকৃৎ।

কার্যতে হ্যবশঃ কর্ম সর্ব্বঃ প্রকৃতিজৈর্গুনৈঃ।।” ৫/৩ অ.

- কর্ম না করিয়া কেহই থাকিতে পারে না। অ-স্বতন্ত্র হইয়া সকলেই মায়াজাত সত্ত্ব রজঃ ও তমঃ গুণের প্রভাবে কর্ম করিতে বাধ্য হয়।

কর্মযোগ অনুশীলন করব কেন?

জগতের উপকার করিতে গিয়া প্রকৃতপক্ষে আমাদের নিজেদেরই উপকার করিয়া থাকি। অপরের জন্য আমরা যে কার্য করি, তাহার মুখ্য ফল—আমাদের আত্মশুদ্ধি। সর্বদা অপরের কল্যাণ-চেষ্টা করিতে গিয়া আমরা নিজেদের ভুলিবার চেষ্টা করিতেছি। এই আত্মবিস্মৃতি আমাদের জীবনে এক প্রধান শিক্ষার বিষয়। ... পরোপকারমূলক প্রতিটি কার্য, সহানুভূতিমূলক প্রতিটি চিন্তা, অপরকে আমরা যেটুকু সাহায্য করি, এরূপ প্রত্যেকটি সৎকার্য আমাদের ক্ষুদ্র 'আমির' গরিমা কমাইতেছে এবং আমাদের ভাবিতে শিখাইতেছে—আমরা অতি সামান্য, সুতরাং এগুলি সৎকার্য। এখানে দেখি জ্ঞান, ভক্তি ও কর্ম একটি ভাবে মিলিত হইয়াছে।

এক কথা বুঝেছি যে, পরোপকারই ধর্ম, বাকি যাগ-যজ্ঞ সব পাগলামো--- নিজের মুক্তি-ইচ্ছাও অন্যায়। যে পরের জন্য সব দিয়েছে, সেই মুক্ত হয়; আর যারা 'আমার মুক্তি', 'আমার মুক্তি' করে দিনরাত মাথা ভাবায়, তারা 'ইতো নষ্টস্তো ভ্রষ্টঃ' হয়ে বেড়ায়, তাহাও

অনেকবার প্রত্যক্ষ করেছি। ... ফিলসফি, যোগ, তপ, ঠাকুরঘর, আলোচাল, কলা, মূলো-এ সব ব্যক্তিগত ধর্ম, দেশগত ধর্ম ; পরোপকারই এক সার্বজনীন মহাব্রত - আবালবৃদ্ধবনিতা, আচণ্ডাল, আপশু সকলেই এ ধর্ম বুঝতে পারে। শুধু নিগেটিভ (নিষেধাত্মক) ধর্মে কি কাজ হয়? পাথরে ব্যভিচার করে না, গরুতে মিথ্যা কথা কয় না, বৃক্ষেরা চুরি ডাকাতি করে না, তাতে আসে যার কি? তুমি চুরি কর না, মিথ্যা কথা কও না, ব্যভিচার কর না, চার ঘণ্টা ধ্যান কর, আট ঘন্টা ঘন্টা বাজাও— 'মধু, তা কার কি?'

পরার্থে এতটুক কাজ করলে ভেতরের শক্তি জেগে ওঠে। পরের জন্য এত- টুকু ভাবলে ক্রমে হৃদয়ে সিংহবলের সঞ্চার হয়।

পরার্থে কর্মের ফলে মনের আঁক-বাঁক ভেঙে যায় এবং মানুষ ক্রমে অকপটে পরহিতে প্রাণ দিতে উন্মুখ হয়।... পরের হিতসাধন হচ্ছে আপনার আত্মার বিকাশের একটা উপায়, একটা পথ। এও জানবি একপ্রকারের ঈশ্বর-সাধনা। এরও উদ্দেশ্য হচ্ছে—আত্মবিকাশ। জ্ঞান ভক্তি প্রভৃতি সাধনা দ্বারা যেমন আত্মবিকাশ হয়, পরার্থে কর্ম দ্বারাও ঠিক তাই হয়।

জীবসেবার চেয়ে আর ধর্ম নেই। সেবাধর্মের ঠিক ঠিক অনুষ্ঠান করতে পারলে অতি সহজেই সংসারবন্ধন কেটে যায়— 'মুক্তিঃ করফলায়তে'।

সকল দেশেই এমন কিছু মানুষ আছেন, যাঁহাদের প্রভাব সত্যই জগতের পক্ষে কল্যাণকর; তাঁহারা কর্মের জন্যই কর্ম করেন, নাম-যশ গ্রাহ্য করেন না, স্বর্গে যাইতেও চাহেন না। লোকের প্রকৃত উপকার হইবে বলিয়াই তাঁহারা কর্ম করেন। আবার অনেকে আছেন, যাঁহারা

আরও উচ্চতর উদ্দেশ্য লইয়া দরিদ্রের উপকার ও মনুষ্যজাতিকে সাহায্য করেন। কারণ তাঁহারা সৎকার্যে বিশ্বাসী, তাঁহারা সড্রাব ভালবাসেন। নাম-যশের উদ্দেশ্যে কৃতকর্মের ফল কখনো সঙ্গে সঙ্গে পাওয়া যায় না; সচরাচর দেখা যায়, যখন আমরা বৃদ্ধ হই এবং আমাদের জীবন প্রায় শেষ হইয়া আসিয়াছে, তখন আমাদের নাম-যশ হয়। কিন্তু যদি কেহ কোন স্বার্থপূর্ণ উদ্দেশ্য ছাড়া কাজ করে, সে কি কিছুই লাভ করে না? হা, সে সর্বাপেক্ষা বেশি লাভ করে। নিঃস্বার্থ কর্মেই অধিক লাভ, তবে ইহা অভ্যাস করিবার সহিষ্ণুতা মানুষের নাই। সাংসারিক হিসাবেও ইহা বেশি লাভজনক। প্রেম, সত্য নিঃস্বার্থপরতা--এগুলি শুধু নীতি-সম্বন্ধীয় আলঙ্কারিক বর্ণনা নয়, এগুলি আমাদের সর্বোচ্চ আদর্শ। কারণ এগুলির মধ্যেই মহতী শক্তি নিহিত বাইয়াছে। প্রথমতঃ যে ব্যক্তি পাঁচ দিন অথবা পাঁচ মিনিট কোন স্বার্থাভিসন্ধি ব্যতীত ভবিষ্যতের কোন চিন্তা-স্বর্গলাভের আকাঙ্ক্ষা, শাস্তির ভয় অথবা ঐরূপ কোন বিষয় চিন্তা না করিয়া কাজ করিতে পারেন, তাঁহার মধ্যে শক্তিমান মহাপুরুষ হইবার সামর্থ্য আছে। এই ভাব কার্যে পরিণত করা কঠিন, কিন্তু আমাদের অন্তরের অন্তস্তলে আমরা উহার মূল। জানি, জানি উহা কত শুভফলপ্রসূ। এই কঠোর সংযমই শক্তিণা মহোচ্চ বিকাশ। সমুদয় বহির্মুখ কার্য অপেক্ষা আত্ম সংযমেই অধিকতর শক্তির প্রকাশ। চতুরগবাহিত একটি শকট কোন বাধা না পাইয়া পাহাড়ের ঢালু পথে গড়াইয়া যাইতেছে, অথবা শকটচালক অশ্বগণকে সংযত করিতেছে-ইহাদের মধ্যে কোনটি অধিকতর শক্তির বিকাশ। অশ্বগণকে ছাড়িয়া দেওয়া বা উহাদিগকে সংযত করা। একটি কামানের গোলা বায়ুর মধ্য দিয়া উড়িয়া অনেক দূরে গিয়া পড়ে, অন্য একটি গোলা দেওয়ালে লাগিয়া বেশি দূরে যাইতে পারে না, কিন্তু এই সংঘর্ষে প্রবল তাপ উৎপন্ন হয়। এইরূপে

মনে সমুদয় বহির্মুখ শক্তি স্বার্থের উদ্দেশ্যে ধাবিত হইয়া বিক্ষিপ্ত হয়, ঐগুলি আর তোমার নিকট ফিরিয়া আদিয়া তোমার শক্তি-বিকাশে সাহায্য করে না, কিন্তু ঐগুলিকে সংযত করিলে তোমার শক্তি বর্ধিত হইবে। এই সংযম হইতে মহতী ইচ্ছা শক্তি উদ্ভূত হইবে। উহা খ্রীস্ট বা বুদ্ধের মতো চরিত্র সৃষ্টি করিবে।

কর্মযোগের বিপদাশঙ্কা

নানা প্রসঙ্গ চলিতেছে, এমন সময় একজন আসিয়া সংবাদ দিল যে, 'মিরর'-সম্পাদক শ্রীযুক্ত নরেন্দ্রনাথ সেন স্বামীজীর সঙ্গে দেখা করিতে আসিয়াছেন। স্বামীজী সংবাদবাহককে বলিলেন, "তাঁকে এখানে নিয়ে এস।" নরেন্দ্রবাবু ছোট ঘরে আসিয়া বসিলেন এবং আমেরিকা ও ইংলন্ড সম্বন্ধে স্বামীজীকে নানা প্রশ্ন করিতে লাগিলেন। প্রশ্নোত্তরে স্বামীজী বলিলেন, "আমেরিকাবাসীর মতো এমন সহৃদয়, উদারচিত্ত, অতিথিসৎকারপরায়ণ, নব নব ভাবগ্রহণে একান্ত সমুৎসুক জাতি জগতে আর দ্বিতীয় দেখা যায় না। আমেরিকায় যাহা কিছু কার্য হইয়াছে, তাহা আমার শক্তিতে হয় নাই; আমেরিকাদেশের লোক এত সহৃদয় বলিয়াই তাঁহারা বেদান্তভাব গ্রহণ করিয়াছেন।" ইংলন্ডের কথা উপলক্ষ করিয়া বলিলেন, "ইংরেজের মতো conservative (প্রাচীন রীতিনীতির পক্ষপাতী) জাতি জগতে আর দ্বিতীয় নাই। তাহারা কোন নূতন ভাব সহজে গ্রহণ করিতে চায় না, কিন্তু অধ্যবসায়ের সহিত যদি তাহাদিগকে একবার কোন ভাব বুঝাইয়া দেওয়া যায়, তবে তাহারা কিছুতেই তাহা আর ছাড়ে না। এমন দৃঢ়প্রতিজ্ঞতা অন্য কোন জাতিতে

মিলে না। সেইজন্য তাহারা সভ্যতা ও শক্তিসঞ্চয়ে জগতে সর্বশ্রেষ্ঠ স্থান অধিকার করিয়া দাঁড়াইয়াছে।"

অনন্তর, উপযুক্ত প্রচারক পাইলে আমেরিকা অপেক্ষা ইংলন্ডেই বেদান্তকার্য স্থায়ী হইবার অধিকতর সম্ভাবনা জানাইয়া বলিলেন, "আমি কেবল কার্যের পত্তন মাত্র করিয়া আসিয়াছি। পরবর্তী প্রচারকগণ ঐ পন্থা অনুসরণ করিলে কালে অনেক কার্য হইবে।"

নরেন্দ্রবাবু জিজ্ঞাসা করিলেন, "এইরূপ ধর্মপ্রচার দ্বারা ভবিষ্যতে আমাদের কি আশা আছে?"

স্বামীজী বলিলেন, "আমাদের দেশে আছে মাত্র এই বেদান্তধর্ম। পাশ্চাত্য সভ্যতার তুলনায় আমাদের এখন আর কিছু নাই বলিলেই হয়। কিন্তু এই সার্বভৌম বেদান্তবাদ-যাহাতে সকল মতের, সকল পথের লোককেই ধর্মলাভে সমান অধিকার প্রদান করে-ইহার প্রচারে পাশ্চাত্য সভ্য জগৎ জানিতে পারিবে ভারতবর্ষে একসময়ে কি আশ্চর্য ধর্মভাবের স্ফুরণ হইয়াছিল এবং এখনো রহিয়াছে। এই মতের চর্চায় পাশ্চাত্য জাতির আমাদের প্রতি শ্রদ্ধা ও সহানুভূতি হইবে-অনেকটা এখনই হইয়াছে। এইরূপে যথার্থ শ্রদ্ধা ও সহানুভূতি লাভ করিতে পারিলে আমরা তাহাদের নিকট ঐহিক জীবনের বিজ্ঞানাদি শিক্ষা করিয়া জীবন-সংগ্রামে অধিকতর পটু হইব। পক্ষান্তরে, তাহারা আমাদের নিকট এই বেদান্তমত শিক্ষা করিয়া পারমার্থিক কল্যাণলাভে সমর্থ হইবে।"

নরেন্দ্রবাবু জিজ্ঞাসা করিলেন, "এই আদান-প্রদানে আমাদের রাজনৈতিক কোন উন্নতির আশা আছে কি?"

স্বামীজী বলিলেন, "ওরা (পাশ্চাত্যেরা) মহাপরাক্রান্ত বিরোচনের সন্তান; ওদের শক্তিতে পঞ্চভূত ক্রীড়াপুত্তলিকাবৎ হইয়া কার্য করিতেছে; আপনারা যদি মনে করেন-আমরা এদের সঙ্গে সংঘর্ষে ঐ স্কুল পাঞ্চভৌতিক শক্তিপ্রয়োগ করিয়াই একদিন স্বাধীন হইব, তবে আপনারা নেহাৎ ভুল বুঝিতেছেন। হিমালয়ের সামনে সামান্য উপলখণ্ড যেরূপ, উহাদের ও আমাদের ঐ শক্তি-প্রয়োগকুশলতায় তদ্রূপ প্রভেদ। আমার মত কি জানেন? আমরা এইরূপে বেদান্তোক্ত ধর্মের গূঢ় রহস্য পাশ্চাত্য জগতে প্রচার করিয়া, ঐ মহাশক্তিধরগণের শ্রদ্ধা ও সহানুভূতি আকর্ষণ করিয়া ধর্মবিষয়ে চিরদিন ওদের গুরুস্থানীয় থাকিব এবং ওরা ইহলৌকিক্ অন্যান্য বিষয়ে আমাদের গুরু থাকিবে।

ধর্ম জিনিসটা ওদের হাতে ছেড়ে দিয়ে ভারতবাসী যেদিন পাশ্চাত্যের পদতলে ধর্ম শিখতে বসবে, সেইদিন এ অধঃপতিত জাতির জাতিত্ব একেবারে ঘুচে যাবে। দিনরাত চিৎকার করে ওদের 'এ দাও, ও দাও' বললে কিছু হবে না। এই আদান-প্রদানরূপ কার্য দ্বারা যখন উভয়পক্ষের ভেতর শ্রদ্ধা ও সহানুভূতির একটা টান দাঁড়াবে, তখন আর চেঁচামেচি করতে হবে না। ওরা আপনা হতেই সব করবে। আমার বিশ্বাস, এইরূপে ধর্মের চর্চায় ও বেদান্তধর্মের বহুল প্রচারে এদেশ ও পাশ্চাত্য দেশ উভয়েরই বিশেষ লাভ। রাজনীতি-চর্চা এর তুলনায় আমার নিকট গৌণ (secondary) উপায় বলিয়া বোধ হয়। আমি এই বিশ্বাস কার্যে পরিণত করিতে জীবনক্ষয় করব।"

"আপনারা ভারতের কল্যাণ অন্যভাবে সাধিত হবে বুঝে থাকেন তো অন্যভাবে কার্য করে যান।"

নরেন্দ্রবাবু স্বামীজীর কথায় অবিসম্বাদী সম্মতি প্রকাশ করিয়া কিছুক্ষণ বাদে উঠিয়া গেলেন। শিষ্য স্বামীজীর পূর্বোক্ত কথাসকল শুনিয়া অবাক হইয়া তাঁহার দীপ্ত মূর্তির দিকে অনিমেষ নয়নে চাহিয়া রহিল।

নরেন্দ্রবাবু চলিয়া গেলে পর, গোরক্ষিণী সভার জনৈক উদ্যোগী প্রচারক স্বামীজীর সঙ্গে দেখা করিতে উপস্থিত হইলেন। পুরা না হইলেও ইঁহার বেশভূষা অনেকটা সন্ন্যাসীর মতো-মাথায় গেরুয়া রঙের পাগড়ি বাঁধা- দেখিলেই বুঝা যায় ইনি হিন্দুস্থানী। গোরক্ষা-প্রচারকের আগমনবার্তা পাইয়া স্বামীজী বাহিরের ঘরে আসিলেন। প্রচারক স্বামীজীকে অভিবাদন করিয়া গোমাতার একখানি ছবি তাঁহাকে উপহার দিলেন। স্বামীজী উহা হাতে লইয়া নিকটবর্তী অপর এক ব্যক্তির হাতে দিয়া তাঁহার সহিত নিম্নলিখিত আলাপ করিয়াছিলেন:

স্বামীজী। আপনাদের সভার উদ্দেশ্য কি?

প্রচারক। আমরা দেশের গোমাতাগণকে কসাইয়ের হাত থেকে রক্ষা করিয়া থাকি। স্থানে স্থানে পিঞ্জরাপোল স্থাপন করা হইয়াছে- সেখানে রুগ্ন, অকর্মণ্য এবং কসাইয়ের হাত হইতে ক্রীত গোমাতাগণ প্রতিপালিত হয়।

স্বামীজী। এ অতি উত্তম কথা। আপনাদের আয়ের পন্থা কি?

প্রচারক। দয়াপরবশ হইয়া আপনাদের ন্যায় মহাপুরুষ যাহা কিছু দেন, তাহা দ্বারাই সভার ঐ কার্য নির্বাহ হয়।

স্বামীজী। আপনাদের গচ্ছিত কত টাকা আছে?

প্রচারক। মাড়োয়ারী বণিকসম্প্রদায় এ কার্যের বিশেষ পৃষ্ঠপোষক। তাঁহারা এই সৎকার্যে বহু অর্থ দিয়াছেন।

স্বামীজী। মধ্য-ভারতে এবার ভয়ানক দুর্ভিক্ষ হয়েছে। ভারত গভর্নমেন্ট ৯ লক্ষ লোকের অনশনে মৃত্যুর তালিকা প্রকাশ করেছেন। আপনাদের সভা এই দুর্ভিক্ষকালে কোন সাহায্যদানের আয়োজন করেছে কি?

প্রচারক। আমরা দুর্ভিক্ষাদিতে সাহায্য করি না। কেবলমাত্র গোমাতৃগণের রক্ষাকল্পেই এই সভা স্থাপিত।

স্বামীজী। যে দুর্ভিক্ষে আপনাদের জাতভাই লক্ষ লক্ষ মানুষ মৃত্যুমুখে পতিত হলো, সামর্থ্য সত্ত্বেও আপনারা এই ভীষণ দুর্দিনে তাদিগকে অন্ন দিয়ে সাহায্য করা উচিত মনে করেননি?

প্রচারক। না; লোকের কর্মফলে-পাপে এই দুর্ভিক্ষ হইয়াছিল। যেমন কর্ম তেমনি ফল হইয়াছে।

প্রচারকের কথা শুনিয়া স্বামীজীর বিশাল নয়নপ্রান্তে যেন অগ্নিকণা স্ফুরিত হইতে লাগিল; মুখ আরক্তিম হইল। কিন্তু মনের ভাব চাপিয়া বলিলেন, "যে সভা-সমিতি মানুষের প্রতি সহানুভূতি প্রকাশ করে না, নিজের ভাই অনশনে মরছে দেখেও তার প্রাণরক্ষার জন্য একমুষ্টি অন্ন না দিয়ে পশু-পক্ষী-রক্ষার জন্য রাশি রাশি অন্ন বিতরণ করে, তার জন্য আমার কিছুমাত্র সহানুভূতি নেই-তা দ্বারা সমাজের বিশেষ কিছু উপকার হয় বলে আমার বিশ্বাস নেই। কর্মফলে মানুষ মরছে-এরূপে

কর্মের দোহাই দিলে জগতে কোন বিষয়ের জন্য চেষ্টা-চরিত্র করাটাই একেবারে বিফল বলে সাব্যস্ত হয়। আপনাদের পশুরক্ষা কাজটাও বাদ যায় না। ঐ কাজ সম্বন্ধেও বলা যেতে পারে-গোমাতারা আপন আপন কর্মফলেই কসাইদের হাতে যাচ্ছেন ও মরছেন, আমাদের উহাতে কিছু করবার প্রয়োজন নেই।"

প্রচারক একটু অপ্রতিভ হইয়া বলিলেন, "হাঁ, আপনি যা বলছেন তা সত্য, কিন্তু শাস্ত্র বলে-গরু আমাদের মাতা।"

স্বামীজী হাসিতে হাসিতে বলিলেন, "হাঁ, গরু আমাদের যে মা, তা আমি বিলক্ষণ বুঝেছি-তা না হলে এমন সব কৃতী সন্তান আর কে প্রসব করবেন?" হিন্দুস্থানী প্রচারক ঐ বিষয়ে আর কিছু না বলিয়া-বোধ হয় স্বামীজীর বিষম বিদ্রূপ তিনি বুঝিতেই পারিলেন না-স্বামীজীকে বলিলেন যে, এই সমিতির উদ্দেশ্যে তিনি তাঁহার কাছে কিছু ভিক্ষাপ্রার্থী।

স্বামীজী। আমি তো সন্ন্যাসী ফকির লোক। আমি কোথায় অর্থ পাব, যাতে আপনাদের সাহায্য করব? তবে আমার হাতে যদি কখনো অর্থ হয়, অগ্রে মানুষের সেবায় ব্যয় করব; মানুষকে আগে বাঁচাতে হবে-অন্নদান, বিদ্যাদান, ধর্মদান করতে হবে। এসব করে যদি অর্থ বাকি থাকে, তবে আপনাদের সমিতিতে কিছু দেওয়া যাবে।

কথা শুনিয়া প্রচারক মহাশয় স্বামীজীকে অভিবাদনান্তে প্রস্থান

করিলেন। তখন স্বামীজী আমাদিগকে বলিতে লাগিলেন, "কি কথাই বললে! বলে কিনা-কর্মফলে মানুষ মরছে, তাদের দয়া করে কি হবে? দেশটা যে অধঃপাতে গেছে, ইহাই তার চূড়ান্ত প্রমাণ। তোদের হিন্দুধর্মের কর্মবাদ কোথায় গিয়ে দাঁড়িয়েছে দেখলি? মানুষ হয়ে মানুষের জন্য যাদের প্রাণ না কাঁদে, তারা কি আবার মানুষ?"

এই কথা বলিতে বলিতে স্বামীজীর সর্বাঙ্গ যেন ক্ষোভে, দুঃখে শিহরিয়া উঠিল। অনন্তর স্বামীজী তামাক টানিতে টানিতে শিষ্যকে বলিলেন, "আবার আমার সঙ্গে দেখা করো।"

শিষ্য। আপনি কোথায় থাকিবেন? হয়তো কোন বড়মানুষের বাড়িতে থাকিবেন, আমাকে তথায় যাইতে দিবে তো?

স্বামীজী। সম্প্রতি আমি কখনো আলমবাজার মঠে ও কখনো কাশীপুরে গোপাললাল শীলের বাগানবাড়িতে থাকব। তুমি সেখানে যেও। শিষ্য। মহাশয়, আপনার সঙ্গে নির্জনে কথা কহিতে বড় ইচ্ছা হয়।

স্বামীজী। তাই হবে-একদিন রাত্রিতে যেও। খুব বেদান্তের কথা হবে।

শিষ্য। মহাশয়, আপনার সঙ্গে কতকগুলি ইংরেজ ও আমেরিকান আসিয়াছে শুনিয়াছি, তাহারা আমার বেশভূষা ও কথাবার্তায় রুষ্ট হইবে না তো?

স্বামীজী। তারাও সব মানুষ-বিশেষতঃ বেদান্তধর্মনিষ্ঠ। তোমার সঙ্গে আলাপ করে তারা খুশি হবে।
(উৎসঃ স্বামি শিষ্য সংবাদ- শ্রী শরচ্চন্দ্র চক্রবর্তী)

তৃতীয় অধ্যায়

শ্রী রবীন্দ্রনাথ ঠাকুরের চিন্তনে কর্মযোগ

বিশ্বকবি রবীন্দ্রনাথ ঠাকুরের যে সমস্ত কবিতা ও গান আমদের মনে কর্মযোগের ধারণাকে বা নিঃস্বার্থ কাজ বা অপরের প্রতি নিঃস্বার্থ সেবার মহত্ত্বতাকে প্রতিষ্ঠা করে সেগুলি তুলে ধরা হল।

প্রতিনিধি

“বসিয়া প্রভাতকালে সেতারার দুর্গভালে

শিবাজী হেরিলা একদিন-

রামদাস গুরু তাঁর ভিক্ষা মাগি দ্বার দ্বার

ফিরিছেন যেন অন্নহীন।

ভাবিলা, এ কী কাণ্ড! গুরুজির ভিক্ষাভাণ্ড-

ঘরে যার নাই দৈন্যলেশ!

সব যাঁর হস্তগত রাজেশ্বর পদানত,

তাঁরো নাই বাসনার শেষ!

এ কেবলদিনে রাত্রে জল ঢেলে ফুটা পাত্রে

বৃথা চেষ্টা তৃষ্ণা মিটাবারে।

কহিলা, ‘দেখিতে হবে কতখানি দিলে তবে

ভিক্ষাঝুলি ভরে একেবারে।’

তখনি লেখনী আনি কী লিখি দিলা কী জানি,

বালাজিরে কহিলা ডাকায়ে,

গুরু যবে ভিক্ষা-আশে আসিবেন দুর্গ-পাশে

এই লিপি দিয়ো তাঁর পায়ে।’

গুরু চলেছেন গেয়ে, সম্মুখে চলেছে ধেয়ে

কত পান্থ কত অশ্বরথ! —

‘হে ভবেশ হে শংকর, সবারে দিয়েছ ঘর,

আমারে দিয়েছ শুধু পথ।

অন্নপূর্ণা মা আমার লয়েছে বিশ্বের ভার,

সুখে আছে সর্ব চরাচর-

মোরে তুমি, হে ভিখারি, মার কাছ হতে কাড়ি

করেছ আপন অনুচর।'

সমাপন করি গান সারিয়া মধ্যাহ্নস্নান

দুর্গদ্বারে আসিয়া যখন-

বালাজি নমিয়া তাঁরে দাঁড়াইল এক ধারে

পদমূলে রাখিয়া লিখন।

গুরু কৌতুহলভরে তুলিয়া লইল করে,

পড়িয়া দেখিলা পত্রখানি-

বন্দি তাঁর পাদপদ্ম শিবাজি সাঁপিছে অদ্য

তাঁরে নিজরাজ্যে – রাজধানী।

পরদিনে রামদাস গেলেন রাজার পাশে,

কহিলেন, 'পুত্র, কহো শুনি,

রাজ্যে যদি মোরে দেবে কী কাজে লাগিবে এবে-

কোন্‌ গুণ আছে তব গুনী?

'তোমারি দাসত্বে প্রাণ আনন্দে করিব দান'

শিবাজি কহিলা নমি তাঁরে।

গুরু কহে 'এই ঝুলি লহ তবে স্কন্ধে তুলি,

চলো আজি ভিক্ষা করিবারে।'

শিবাজি গুরুর সাথে ভিক্ষাপাত্র লয়ে হাতে

ফিরিলে পুরদ্বারে-দ্বারে।

নৃপে হেরি ছেলেমেয়ে ভয়ে ঘরে যায় ধেয়ে,

ডেকে আনে পিতারে মাতারে।

অতুল ঐশ্বর্যে রত, তাঁর ভিখারির ব্রত!

এ যে দেখি জলে ভাসে শিলা!

ভিক্ষা দেয় লজ্জাভরে, হস্ত কাঁপে থরে থরে,

ভাবে ইহা মহতের লীলা।

দুর্গে দ্বিপ্রহর বাজে, ক্ষান্ত দিয়া কর্মকাজে

বিশ্রাম করিছে পুরবাসী।

একতারে দিয়ে তান রামদাস গাহে গান

আনন্দে নয়নজলে ভাসি,

'ওহে ত্রিভুবনপতি, বুঝি না তোমার মতি,

কিছুই অভাব তব নাহি-

হৃদয়ে হৃদয়ে তবু ভিক্ষা মাগি ফির, প্রভু,

সবার সর্বস্বধন চাহি।'

অবশেষে দিবসন্তে নগরের এক প্রান্তে

নদীকূলে সন্ধ্যাস্নান সারি-

ভিক্ষা-অন্ন- রাঁধি সুখে গুরু কিছু দিলা মুখে,

প্রসাদ পাইল শিষ্য তাঁরি।

রাজা তবে কহে হাসি, ‘নৃপতির গর্ব নাশি

করিয়াছ পথের ভিক্ষুক –

প্রস্তুত রয়েছে দাস, আরো কিবা অভিলাষ –

গুরু-কাছে লব গুরু দুখ।’

গুরু কহে, ‘তবে শোন, করিলি কঠিন পণ,

অনুরূপ নিতে হবে ভার-

এই আমি দিনু কয়ে মোর নামে মোর হয়ে

রাজ্য তুমি লহ পুনর্বার।

তোমাকে করিল বিধি ভিক্ষুকের প্রতিনিধি,

রাজ্যেশ্বর দীন উদাসীন।

পালিবে যে রাজধর্ম জেনো তাহা মোর কর্ম,

রাজ্য লয়ে রবে রাজ্যহীন।’

‘বৎস, তবে এই লহো মোর আশীর্বাদসহ

আমার গেরুয়া গাত্রবাস-

বৈরাগীর উত্তরীয় পতাকা করিয়া নিয়ো’

কহিলেন গুরু রামদাস।

নৃপশিষ্য নতশিরে বসি রহে নদীতীরে,

চিন্তারাশি ঘনায়ে ললাটে।

থামিল রাখাল বেণু, গোষ্ঠে ফিরে গেল ধেনু,

পরপারে সূর্য গেল পাটে।

পূরবীতে ধরি তান একমনে রচি গান

গাহিতে লাগিলা রামদাস,

‘আমারে রাজার সাজে বসায়ে সংসার মাঝে

কে তুমি আড়ালে কর বাস!

হে রাজা, রেখেছি আনি তোমারি পাদুকাখানি,

আমি থাকি পাদপীঠতলে-

সন্ধ্যা হয়ে এল ওই, আর কত বসে রই!

তব রাজ্যে তুমি এসো চলে।’

গীতাঞ্জলি-১১

ভজন পূজন সাধন আরাধনা

সমস্ত থাক্‌ পড়ে।

রুদ্ধদ্বারে দেবালয়ের কোণে

কেন আছিস ওরে।

অন্ধকারে লুকিয়ে আপন মনে

কাহারে তুই পূজিস সংগোপনে,

নয়ন মেলে দেখ দেখি তুই চেয়ে –

দেবতা নাই ঘরে।

তিনি গেছেন যেথায় মাটি ভেঙে

করছে চাষা চাষ –

পাথর ভেঙে কাটছে যেথায় পথ,

খাটছে বারো মাস।

রৌদ্রে জলে আছেন সবার সাথে,

ধুলা তাঁহার লেগেছে দুই হাতে;

তাঁরই মতন শুচি বসন ছাড়ি

আয় রে ধুলার ’পরে।

মুক্তি?   ওরে মুক্তি কোথায় পাবি,

মুক্তি কোথায় আছে।

আপনি প্রভু সৃষ্টিবাঁধন প’রে

বাঁধা সবার কাছে।

রাখো রে ধ্যান, থাক্‌ রে ফুলের ডালি,

ছিঁড়ুক বস্ত্র, লাগুক ধুলাবালি,

কর্মযোগে তাঁর সাথে এক হয়ে

ঘর্ম পড়ুক ঝরে।

গীতাঞ্জলি-১০৮

যেথায় থাকে সবার অধম দীনের হতে দীন

সেইখানে যে চরণ তোমার রাজে

সবার পিছে, সবার নীচে,

সব-হারাদের মাঝে।

যখন তোমায় প্রণাম করি আমি,

প্রণাম আমার কোনখানে যায় থামি,

তোমার চরণ যেথায় নামে অপমানের তলে

সেথায় আমার প্রণাম নামে না যে

সবার পিছে, সবার নীচে,

সব-হারাদের মাঝে।

অহঙ্কার ত পায়না নাগাল যেথায় তুমি ফের

রিক্তভূষণ দীনদরিদ্র সাজে –

সবার পিছে, সবার নীচে,

সব-হারাদের মাঝে।

সঙ্গী হয়ে আছ যেথায় সঙ্গিহীনের ঘরে

সেথায় আমার হৃদয় নামে না যে

সবার পিছে, সবার নীচে,

সব-হারাদের মাঝে

গীতাঞ্জলি-৯৩

তুমি যে কাজ করছ, আমায়

সেই কাজে কি লাগাবে না।

কাজের দিনে আমায় তুমি

আপন হাতে জাগাবে না?

ভালোমন্দ ওঠাপড়ায়

বিশ্বশালার ভাঙাগড়ায়

তোমার পাশে দাঁড়িয়ে যেন

তোমার সাথে হয় গো চেনা।

ভেবেছিলেম বিজন ছায়ায়

নাই যেখানে আনাগোনা,

সন্ধ্যাবেলায় তোমায় আমায়

সেথায় হবে জানাশোনা।

অন্ধকারে একা একা

সে দেখা যে স্বপ্ন দেখা,

ডাকো তোমার হাটের মাঝে

চলছে যেথায় বেচাকেনা।

দীন দান

নিবেদিল রাজভৃত্য, মহারাজ, বহু অনুনয়ে

সাধুশ্রেষ্ঠ নরোত্তম তোমার সোনার দেবালয়ে

না লয়ে আশ্রয় আজি পথপ্রান্তে তরুচ্ছায়াতলে

করিছেন নামসংকীর্তন। ভক্তবৃন্দ দলে দলে

ঘেরি তাঁরে দরদর-উদবেলিত আনন্দধারায়

ধৌত ধন্য করিছেন ধরণীর ধূলি। শূন্যপ্রায়

দেবাঙ্গন; ভৃঙ্গ যথা স্বর্ণময় মধুভাণ্ড ফেলি

সহসা কমলগন্ধে মত্ত হয়ে দ্রুত পক্ষ মেলি

ছুটে যায় গুঞ্জরিয়া উন্মীলিত পদ্ম-উপবনে

উন্মুখ পিপাসাভরে, সেইমতো নরনারীগণে

সোনার দেউল-পানে না তাকায়ে চলিয়াছে ছুটি

যেথায় পথের প্রান্তে ভক্তের হৃদয়পদ্ম ফুটি

বিতরিছে স্বর্গের সৌরভ। রত্নবেদিকার ’পরে

একা দেব রিক্ত দেবালয়ে।”

শুনি রাজা ক্ষোভভরে

সিংহাসন হতে নামি গেলা চলি যেথা তরুচ্ছায়ে

সাধু বসি তৃণাসনে; কহিলেন নমি তাঁর পায়ে,

“হেরো প্রভু, স্বর্ণশীর্ষ নৃপতিনির্মিত নিকেতন

অভ্রভেদী দেবালয়, তারে কেন করিয়া বর্জন

দেবতার স্তবগান গাহিতেছ পথপ্রান্তে বসে?”

‘সে মন্দিরে দেব নাই’ কহে সাধু।

রাজা কহে রোষে,

দেব নাই! হে সন্ন্যাসী, নাস্তিকের মতো কথা কহ।

রত্নসিংহাসন-’পরে দীপিতেছে রতনবিগ্রহ –

শূন্য তাহা?'

"শূন্য নয়, রাজদণ্ডে পূর্ণ সাধু কহে,

আপনায় স্থাপিয়াছ, জগতের দেবতারে নহে।"

ভ্র কুঞ্চিয়া কহে রাজা, বিংশ লক্ষ স্বর্ণমুদ্রা দিয়া

রচিয়াছি অনিন্দিত যে মন্দির অম্বর ভেদিয়া,

পূজামন্ত্রে নিবেদিয়া দেবতারে করিয়াছি দান,

তুমি কহ সে মন্দিরে দেবতার নাহি কোনো স্থান!"

শান্ত মুখে কহে সাধু, "যে বৎসর বহ্নিদাহে দীন

বিংশতি সহস্র প্রজা গৃহহীন অন্নবস্ত্রহীন

দাঁড়াইল দ্বারে তব, কেঁদে গেল ব্যর্থ প্রার্থনায়

অরণ্যে, গুহার গর্ভে, পথপ্রান্তে তরুর ছায়ায়,

অশ্বথবিদীর্ণ জীর্ণ মন্দিরপ্রাঙ্গণে, সে বৎসর

বিংশ লক্ষ মুদ্রা দিয়া রচি তব স্বর্ণদীপ্ত ঘর

দেবতারে সমর্পিলে। সে দিন কহিলা ভগবান –

"আমার অনাদি ঘরে অগণ্য আলোক দীপ্যমান

অনন্তনীলিমা-মাঝে; মোর ঘরে ভিত্তি চিরন্তন

সত্য, শান্তি, দয়া, প্রেম। দীনশক্তি যে ক্ষুদ্র কৃপণ

নাহি পারে গৃহ দিতে গৃহহীন নিজ প্রজাগণে

সে আমার গৃহ করে দান! চলি গেলা সেই ক্ষণে

পথপ্রান্তে তরুতলে দীন-সাথে দীনের আশ্রয়।

অগাধ সমুদ্র-মাঝে স্ফীত ফেন যথা শূন্যময়

তেমনি পরম শূন্য তোমার মন্দির বিশ্বতলে,

স্বর্ণ আর দর্পের বুদবুদ্‌!”

রাজা জ্বলি রোষানলে,

কহিলেন, “রে ভণ্ড পামর, মোর রাজ্য ত্যাগ করে

এ মুহূর্তে চলি যাও।”

সন্ন্যাসী কহিলা শান্ত স্বরে,

“ভক্তবৎসলেরে তুমি যেথায় পাঠালে নির্বাসনে

সেইখানে, মহারাজ, নির্বাসিত কর ভক্তজনে।”

কৃপণ

আমি ভিক্ষা করে ফিরতেছিলেম

গ্রামের পথে পথে,

তুমি তখন চলেছিল

তোমার স্বর্ণরথে।

অপূর্ব এক স্বপ্ন-সম

লাগতেছিল চক্ষে মম-

কী বিচিত্র শোভা তোমার

কী বিচিত্র সাজ

আমি মনে ভাবতেছিলেম,

এ কোন্ মহারাজ

আজি শুভক্ষণে রাত পোহালো

ভেবেছিলেম তবে,

আজ আমারে দ্বার দ্বারে

ফিরতে নাহি হবে।

বাহির হতে নাহি হতে

কাহার দেখা পেলাম পথে,

চলিতে রথ ধনধান্য

ছড়াবে দুই ধারে-

মুঠা মুঠা কুড়িয়ে নেব,

নেব ভারে ভারে।

দেখি সহসা রথ থেমে গেল

আমার কাছে এসে,

আমার মুখপানে চেয়ে

নামলে তুমি হেসে।

দেখে মুখের প্রসন্নতা

গুড়িয়ে গেল সকল ব্যথা,

হেনকালে কিসের লাগি

তুমি অকস্মাৎ

'আমায় কিছু দাও গো' বলে

বাড়িয়ে দিলে হাত।

মরি, এ কী কথা রাজাধিরাজ,

'আমায় দাও গো কিছু!'

শুনে ক্ষণকালের তরে

রইনু মাথা-নিচু।

তোমার কী-বা অভাব আছে

ভিখারী-ভিক্ষুকের কাছে।

এ কেবল কৌতুকের বশে

আমায় প্রবঞ্চনা।

ঝুলি হতে দিলেম তুলে

একটি ছোটো কণা।

যবে পাত্রখানি ঘরে এনে

উজাড় করি –এ কী?

ভিক্ষা মাঝে একটি ছোটো

সোনার কনা দেকি।

দিলেম যা রাজ ভিখারীরে

স্বর্ণ হয়ে এল ফিরে,

তখন কাঁদি চোখের জলে

দুটি নয়ন ভরে—

তোমায় কেন দিই নি আমার

সকল শূন্য করে।

গৃহস্থের আচরণ

এটি স্বামী বিবেকানন্দের একটি বক্তৃতার অংশ বিশেষ।

'সিংহাসনে আরূঢ় রাজা যেরূপ মহান্ ও গৌরবান্বিত, রাস্তার ঐ ঝাড়ুদারও সেইরূপ। রাজাকে তাঁহার রাজসিংহাসন হইতে উঠাইয়া ঝাড়ুদারের কাজ করিতে দাও – দেখ তিনি কতটা পারেন। আবার ঝাড়ুদারকে লইয়া সিংহাসনে বসাইয়া দাও – দেখ, সে-ই বা রাজকার্য কিরূপে চালায়। সংসারী অপেক্ষা সংসারত্যাগী মহত্তর, এ-কথা বলা বৃথা। সংসার হইতে স্বতন্ত্র থাকিয়া স্বাধীন সহজ জীবনযাপন অপেক্ষা সংসারে থাকিয়া ঈশ্বরের উপাসনা করা অনেক কঠিন কাজ। আজকাল ভারতে পূর্বোক্ত চারিটি আশ্রম কেবল গার্হস্থ্য ও সন্ন্যাস – এই দুইটি আশ্রমে পর্যবসিত হইয়াছে। গৃহস্থ বিবাহ করেন এবং সামাজিক কর্তব্য করিয়া যান; আর সংসারত্যাগীর কর্তব্য – তাঁহার সমুদয় শক্তি কেবল ধর্মের দিকে নিয়োজিত করা; তিনি কেবল ঈশ্বরোপাসনা করিবেন এবং ধর্মশিক্ষা দিবেন।

'মহানির্বাণ-তন্ত্র' হইতে এই প্রসঙ্গে কিছু পড়িব। ঐগুলি শুনিলে তোমরা বুঝিবে গৃহস্থ হওয়া এবং গৃহস্থের কর্তব্য যথাযথভাবে প্রতিপালন করা অতি কঠিন।

ব্রহ্মনিষ্ঠো গৃহস্থঃ স্যাৎ ব্রহ্মজ্ঞানপরায়ণঃ

যদ্ যৎ কর্ম প্রকুর্বীত তদ্ ব্রহ্মণি সমর্পয়েৎ।।

- গৃহস্থ ব্যক্তি ঈশ্বরপরায়ণ হইবেন। ব্রহ্মজ্ঞান লাভই যেন তাঁহার জীবনের চরম লক্ষ্য হয়। তথাপি তাঁহাকে সর্বদা কর্ম করিতে হইবে, তাঁহার নিজের সমুদয় কর্তব্য সাধন করিতে হইবে এবং তিনি যাহাই করিবেন, তাহাই তাঁহাকে ব্রহ্মে সমর্পণ করিতে হইবে।

কর্ম করা অথচ ফলাকাঙ্ক্ষা না করা, লোককে সাহায্য করা অথচ তাহার নিকট হইতে কোনপ্রকার কৃতজ্ঞতার প্রত্যাশা না করা, সৎকর্ম করা অথচ উহাতে নাম-যশ হইল বা না হইল, এ-বিষয়ে একেবারে দৃষ্টি না দেওয়া – এইটিই এ জগতে সর্বাপেক্ষা কঠিন ব্যাপার। জগতের লোক যখন প্রশংসা করে, তখন ঘোর কাপুরুষও সাহসী হয়। সমাজের অনুমোদন ও প্রশংসা পাইলে নির্বোধ ব্যক্তিও বীরোচিত কার্য করিতে পারে, কিন্তু কাহারও স্তুতি-প্রশংসা না চাহিয়া অথবা সেদিকে আদৌ দৃষ্টি না দিয়া সর্বদা সৎকার্য করাই প্রকৃতপক্ষে সর্বশ্রেষ্ঠ স্বার্থত্যাগ।

"ন মিথ্যাভাষণং কুর্যাৎ ন চ শাঠ্যং সমাচরেৎ।

দেবতাতিথিপূজাসু গৃহস্থো নিরতো ভবেৎ।।"

- গৃহস্থের প্রধান কর্তব্য জীবিকার্জন, কিন্তু তাঁহাকে বিশেষ লক্ষ্য রাখিতে হইবে, মিথ্যা কথা বলিয়া, প্রতারণা দ্বারা অথবা চুরি করিয়া যেন উহা সংগ্রহ না করেন। আর তাঁহাকে স্মরণ রাখিতে হইবে, তাঁহার জীবন ঈশ্বরের সেবার জন্য, দরিদ্র ও অভাবগ্রস্তদের সেবার জন্য।

“মাতরং পিতরঞ্চৈব সাক্ষাৎ প্রত্যক্ষদেবতাম্‌।

মত্ত্বা গৃহী নিষেবেত সদা সর্বপ্রযত্নতঃ।।”

- মাতা ও পিতাকে প্রত্যক্ষ দেবতা জানিয়া গৃহী ব্যক্তি সর্বদা সর্বপ্রযত্নে তাঁহাদের সেবা করিবেন।

“তুষ্টায়াং মাতরি শিবে তুষ্টে পিতরি পার্বতি।

তব প্রীতির্ভবেদ্দেবি পরব্রহ্ম প্রসীদতি।।”

- মাতা ও পিতাকে প্রত্যক্ষ দেবতা জানিয়া গৃহী ব্যক্তি সর্বদা সর্বপ্রযত্নে তাঁহাদের সেবা করিবেন।

“তুষ্টায়াং মাতরি শিবে তুষ্টে পিতরি পার্বতি।

তব প্রীতির্ভবেদ্দেবি পরব্রহ্ম প্রসীদতি।।”

- যদি মাতা ও পিতা তুষ্ট থাকেন, তবে সেই ব্যক্তির প্রতি ভগবান্‌ প্রীত হন; হে পার্বতি, তুমিও তাহার প্রতি প্রীতা হও।

“ঔদ্ধত্যং পরিহাসঞ্চ তর্জনং পরিভাষণম্‌।

পিত্রোরগ্রে ন কুর্ব্বীত যদীচ্ছেদাত্মনো হিতম্ ।।

মাতরং পিতরং বীক্ষ্য নত্তোত্তিষ্ঠেৎ সসম্ভ্রমঃ ।

বিনাজ্ঞয়া নোপবিশেৎ সংস্থিতঃ পিতৃশাসনে ।।"

- পিতামাতার সম্মুখে ঔদ্ধত্য, পরিহাস, চঞ্চলতা ও ক্রোধ প্রকাশ করিবে না। যে সন্তান পিতামাতাকে কখন কর্কশ কথা বলে না, সেই প্রকৃত সুসন্তান। পিতামাতাকে দর্শন করিয়া সসম্ভ্রমে প্রণাম করিবে, তাঁহাদের সম্মুখে দাঁড়াইয়া থাকিবে, আর যথক্ষণ না তাঁহারা বসিতে অনুমতি করেন, ততক্ষণ বসিবে না।

"মাতরং পিতরং পুত্রং দারানতিথিসোদরান্ ।

হিত্বা গৃহী ন ভুঞ্জীয়াৎ প্রাণৈঃ কণ্ঠগতৈরপি ।।

বঞ্চয়িত্বা গুরূন্ বন্ধূন্ যো ভুঙ্ক্তে স্বোদরম্ভরঃ ।

ইহৈব লোকে গর্হ্যোঽসৌ পরত্র নারকী ভবেৎ ।।"

- মাতা, পিতা, পুত্র, পত্নী, ভ্রাতা, অতিথিকে ভোজন না করাইয়া যে গৃহী ব্যক্তি নিজের উদরপূরণ করে, সে পাপ করিতেছে।

"জনন্যা বর্ধিতো দেহো জনকেন প্রযোজিতঃ ।

স্বজনৈঃ শিক্ষিতঃ প্রীত্যা সোঽধমস্তান্ পরিত্যজেৎ ।।

এষামর্থে মহেশানি কৃত্বা কষ্টশতান্যপি ।

প্রীণয়েৎ সততং শক্ত্যা ধর্ম্মো হ্যেষ সনাতন ।।"

- পিতামাতা হইতেই এই শরীর উৎপন্ন হইয়াছে, অতএব শত শত কষ্ট স্বীকার করিয়াও তাঁহাদের প্রীতিসাধন করা উচিত।

"ন ভার্যাস্তাড়য়েৎ ক্বাপি মাতৃবৎ পালয়েৎ সদা।

ন ত্যজেৎ ঘোরকষ্টেহপি যদি সাধ্বী পতিব্রতা।।

স্থিতেষু স্বীকয়দারেষু স্ত্রিয়মন্যাং ন সংস্পৃশেৎ।

দুষ্টেন চেতনা বিদ্বান্ অন্যথা নারকী ভবেৎ।।

বিরলে শয়নং বাসং ত্যজেৎ প্রাজ্ঞঃ পরস্ত্রিয়া।

অযুক্তভাষণঞ্চৈব স্ত্রিয়ং শৌর্যং ন দর্শয়েৎ।।

ধনেন বাসসা প্রেম্না শ্রদ্ধয়ামৃতভাষণৈঃ।

সততং তোষয়েন্দারান্ নাপ্রিয়ং কুচিদাচরেৎ।।

যস্মিন্নরে মহেশানি তুষ্টা ভার্যা পতিব্রতা।

সর্বে ধর্মঃ কৃতস্তেন ভবতি প্রিয় এব সঃ।।"

- ভার্যার প্রতিও গৃহস্থের অনুরূপ কর্তব্য আছে – গৃহী ব্যক্তি পত্নীকে কখনও তাড়না করিবে না, তাঁহাকে সর্বদা মাতৃবৎ পালন করিবে, আর যদি তিনি সাধ্বী ও পতিব্রতা হন, তবে ঘোর কষ্টে পতিত হইলেও তাঁহাকে ত্যাগ করিবে না। বিদ্বান্ ব্যক্তি নিজ পত্নী বর্তমানে অন্য স্ত্রীকে স্ত্রীভাবে স্পর্শ করিবেন না; এরূপ করিলে নরকে যাইতে হয়। প্রাজ্ঞ ব্যক্তি পরস্ত্রীর সহিত নির্জনে শয়ন বা বাস করিবেন না, স্ত্রীলোকের সম্মুখে অশিষ্ট বাক্য প্রয়োগ করিবেন না এবং নিজের বাহাদুরিও

দেখাইবেন না। ধন, বস্ত্র, প্রেম, শ্রদ্ধা, বিশ্বাস ও অমৃততুল্য বাক্য দ্বারা সর্ব্বদা পত্নীর সন্তোষ বিধান করিবেন, কখনও তাঁহার কোনরূপ অপ্রিয় আচরণ করিবেন না। হে পার্ব্বতি, যে ব্যক্তির উপর পতিব্রতা ভার্য্যা তুষ্ট থাকেন, তিনি সমুদয় ধর্ম্মই আচরণ করিয়াছেন এবং তিনি তোমার প্রিয়।

"চতুর্ব্বর্ষাবধি সুতান্ লালয়েৎ পালয়েৎ পিতা।

ততঃ ষোড়শপর্য্যন্তং গুণান্ বিদ্যাঞ্চ শিক্ষয়েৎ।।

বিংশত্যব্দাধিকান্ পুত্রান্ প্রেষয়েদ্ গৃহকর্ম্মসু।

ততস্তাংস্তুল্যভাবেন মত্বা স্নেহং প্রদর্শয়েৎ।।

কন্যাপ্যেবং পালনীয়া শিক্ষণীয়াতিযত্নতঃ।

দেয়া বরায় বিদুষে ধনরত্নসমন্বিতা।।"

- পুত্রকন্যার প্রতি গৃহস্থের কর্ত্তব্য এইরূপ – চারি বর্ষ বয়স পর্যন্ত পুত্রগণকে লালনপালন করিবে, পরে ষোড়শ বর্ষ বয়স পর্যন্ত নানাবিধ সদ্‌গুণ ও বিদ্যা শিক্ষা দিবে। বিংশতি বর্ষ বয়স হইলে তাহাদিগকে গৃহকর্ম্মে প্রেরণ করিবে, তারপর আত্মতুল্য বিবেচনা করিয়া তাহাদের প্রতি স্নেহ প্রদর্শন করিবে। এইরূপে কন্যাকেও পালন করিতে হইবে, অতি যত্নপূর্ব্বক শিক্ষা দিতে হইবে এবং ধনরত্নের সহিত বিদ্বান্ বরকে সম্প্রদান করিতে হইবে।

"এবংক্রমেণ ভ্রাতৃংশ্চ স্বসৃভ্রাতৃসুতানপি।

জ্ঞাতীন্ মিত্রাণি ভৃত্যাংশ্চ পালয়েত্তোষয়েদ্ গৃহী।।

ততঃ স্বধর্মনিরতানেকগ্রামনিবাসিনঃ।

অভ্যাগতানুদাসীনান্ গৃহস্থো পরিপালয়েৎ।।

যদ্যেবং নাচরেদ্দেবি গৃহস্থো বিভবে সতি।

পশুরেব স বিজ্ঞেয়ঃ স পাপী লোকগর্হিতঃ।।"

- গৃহী ব্যক্তি এইরূপে ভ্রাতা-ভগিনী, ভ্রাতুস্পুত্র, ভাগিনেয়, বন্ধু ও ভৃত্যগণকে প্রতিপালন এবং তাহাদের সন্তোষ বিধান করিবেন। তারপর গৃহস্থ ব্যক্তি স্বধর্মনিরত, একগ্রামবাসী, অভ্যাগত ও উদাসীনগণকে প্রতিপালন করিবেন। হে দেবি! বিত্ত থাকা সত্ত্বেও যদি গৃহস্থ এরূপ আচরণ না করেন, তবে তাঁহাকে পশু বলিয়া জানিতে হইবে; তিনি লোকসমাজে নিন্দনীয় ও পাপী।

"নিদ্রালস্যাং দেহযত্নং কেশবিন্যাসমেব চ

আসক্তিমশনে বস্ত্রে নাতিরিক্তং সমাচরেৎ।।

যুক্তাহারো যুক্তনিদ্রা মিতবাঙ্মিতমৈথুনঃ।

স্বচ্ছো নম্রঃ শুচির্দক্ষো যুক্তঃ স্যাৎ সর্বকর্মসু।।"

- গৃহী ব্যক্তি অতিরিক্ত নিদ্রা, আলস্য, দেহের যত্ন, কেশবিন্যাস এবং অশন-বসনে আসক্তি ত্যাগ করিবে। গৃহী ব্যক্তি আহার, নিদ্রা, বাক্য, মৈথুন – এ সকলই পরিমিতভাবে করিবে। গৃহস্থ অকপট, নম্র, বাহিরে অন্তরে শৌচসম্পন্ন, সকল কর্মে উদ্যোগী ও নিপুণ হইবে।

"শূরঃ শত্রৌ বিনীতঃ স্যাৎ বান্ধবে গুরুসন্নিধৌ।"

- গৃহী ব্যক্তি শত্রুর সমক্ষে শৌর্য বীর্য অবলম্বন করিবে এবং গুরু ও বন্ধুগণের সমীপে বিনীত থাকিবে।

শত্রুগণকে বীর্যপ্রকাশ করিয়া শাসন করিতে হইবে। ইহা গৃহস্থের অবশ্য কর্তব্য। গৃহস্থ ঘরের এককোণে বসিয়া কাঁদিবে না, অপ্রতিকার-বিষয়ক বাজে কথা বলিবে না। গৃহস্থ যদি শত্রুগণের নিকট শৌর্য প্রদর্শন না করে, তাহা হইলে তাহার কর্তব্যের অবহেলা করা হয়। কিন্তু বন্ধুবান্ধব, আত্মীয়স্বজন ও গুরুর নিকট তাহাকে মেষতুল্য শান্ত নিরীহ ভাব অবলম্বন করিতে হইবে।

"জুগুপ্সিতান্ ন মন্যেত নামবমন্যেত মানিনঃ।।"

- নিন্দিত অসৎ ব্যক্তিদিগকে সম্মান দিবে না এবং সম্মানের যোগ্য ব্যক্তিগণের অবমাননা করিবে না।

অসৎ ব্যক্তিকে সম্মান প্রদর্শন করা গৃহীর কর্তব্য নয়; কারণ তাহাতে অসদ্বিষয়েরই প্রশ্রয় দেওয়া হয়। আবার যাঁহারা সম্মানের যোগ্য, তাঁহাদিগকে যদি গৃহস্থ সম্মান না করেন, তাহাও তাঁহার পক্ষে মহা অন্যায়।

"সৌহার্দ্যং ব্যবহারাংশ্চ প্রবৃত্তিং প্রকৃতিং নৃণাম্।

সহবাসনে তর্কৈশ্চ বিদিত্বা বিশ্বসেত্ততঃ।।"

- একত্রেবাস ও সবিশেষ পর্যালোচনা দ্বারা লোকের বন্ধুত্ব, ব্যবহার, প্রবৃত্তি ও প্রকৃতি জানিয়া তবে তাহাদের উপর বিশ্বাস করিবে।

গৃহস্থ যে-কোন ব্যক্তির সঙ্গে বন্ধুত্ব করিবে না, যেখানে সেখানে যাইয়া লোকের সঙ্গে হঠাৎ বন্ধুত্ব করিবে না। প্রথমতঃ যাঁহাদের সঙ্গে বন্ধুত্ব করিতে ইচ্ছা, তাঁহাদের কার্যকলাপ ও অন্যান্য ব্যক্তিদের সহিত তাঁহাদের ব্যবহার বিশেষরূপে পর্যবেক্ষণ করিয়া, সেইগুলি বিচারপূর্বক আলোচনা করিয়া তারপর বন্ধুত্ব করা উচিত।

"স্বীয়ং যশঃ পৌরুষঞ্চ গুপ্তয়ে কথিতঞ্চ যৎ।

কৃতং যদুপকারায় ধর্মজ্ঞো ন প্রকাশয়ের।।"

- গৃহস্থ তিনটি বিষয়ে কিছু বলিবেন না – নিজ যশ ও পৌরুষের বিষয়, অপরের কথিত গুপ্ত কথা এবং অপরের উপকারার্থ তিনি যাহা করিয়াছেন, ধর্মজ্ঞ গৃহস্থ তাহা সাধারণের নিকট প্রকাশ করিবেন না।

গৃহস্থের নিজেকে দরিদ্র বা ধনী কিছুই বলা উচিত নয়। তাঁহার নিজের ধনের গর্ব করা উচিত নয়। তাঁহার নিজের ধনের গর্ব করা উচিত নয়। ঐ বিষয় তাঁহার গোপনে রাখা উচিত। ইহাই তাঁহার ধর্ম। ইহা শুধু সাংসারিক বিজ্ঞতা নয়; যদি কেহ এরূপ না করেন, তবে তাঁহাকে দুর্নীতিপরায়ণ বলা যাইতে পারে।

গৃহস্থই সমগ্র সমাজের মূলভিত্তি ও অবলম্বন; তিনি প্রধান ধনোপার্জনকারী। দরিদ্র ও দুর্বল, এবং বালক-বালিকা ও স্ত্রীলোক – যাহারা (বাহিরের) কোন কার্য করে যা – সকলেই গৃহস্থের উপর নির্ভর করিতেছে। অতএব গৃহস্থকে কতকগুলি কর্তব্য সাধন করিতে হইবে, এবং সেই কর্তব্যগুলি এমন হওয়া উচিত, যেন সেগুলি সাধন করিতে করিতে তিনি দিন দিন নিজ হৃদয়ে শক্তির বিকাশ অনুভব করেন, এবং এরূপ মনে না করেন যে, তিনি নিজ আদর্শ অনুযায়ী কার্য করিতেছেন না। এই কারণে –

“জুগুপ্সিতপ্রবৃত্তৌ চ নিশ্চিতেহপি পরাজয়ে।

গুরুণা লঘুনা চাপি যশস্বী ন বিবাদয়েৎ।।”

- যদি গৃহস্থ কোন অন্যায় বা নিন্দিত কার্য করিয়া ফেলে অথবা এমন কোন ব্যাপারে নিযুক্ত হয়, যাহাতে সে জানে নিশ্চয় অকৃতকার্য হইবে, সে-বিষয়ও তাহার সাধারণের নিকট প্রকাশ করা উচিত নয়। এইরূপে আত্মদোষ-প্রকাশের কোন প্রয়োজন তো নাই-ই, অধিকন্তু উহাতে নিরুৎসাহ আসিয়া তাহাকে যথাযথ কর্তব্য করিতে বাধা দেয়। সে যে অন্যায় করিয়াছে, সেজন্য তাহাকে ভুগিতেই হইবে, তাহাকে পুনরায় চেষ্টা করিতে হইবে, যাহাতে সে ভাল করিতে পারে। জগৎ সর্বদা শক্তিমান্ ও দৃঢ়চিত্ত ব্যক্তিদের প্রতিই সহানুভূতি প্রকাশ করিয়া থাকে।

গৃহস্থকে প্রথমতঃ জ্ঞান, দ্বিতীয়তঃ ধন উপার্জনের জন্য প্রাণপণ চেষ্টা করিতে হইবে। ইহাই তাহা কর্তব্য, আর গৃহস্থ যদি তাহার এই কর্তব্য পালন না করে, তাহাকে তো মানুষ বলিয়াই গণনা করা যাইতে পারে না। যদি কোন গৃহস্থ অর্থোপার্জনের চেষ্টা না করে, তাহাকে দুর্নীতিপরায়ণ বলিতে হইবে। যদি সে অলসভাবে জীবনযাপন করে এবং তাহাতেই সন্তুষ্ট থাকে, তাহাকে অসৎপ্রকৃতি বলিতে হইবে, কারণ তাহার উপর শত শত ব্যক্তি নির্ভর করিতেছে। যদি সে যথেষ্ট ধন উপার্জন করে, তবে তাহাতে শত শত ব্যক্তির ভরণপোষণ হইবে।

যদি এই শহরে শত শত ব্যক্তি ধনী হইবার চেষ্টা করিয়া ধনী না হইতেন, তাহা হইলে এই সভ্যতা – দরিদ্রালয় ও বড় বড় বাড়ি কোথায় থাকিত?

এক্ষেত্রে অর্থোপার্জন অন্যায় নয়, কারণ ঐ অর্থ বিতরণের জন্য। গৃহস্থই জীবন ও সমাজের কেন্দ্র। অর্থোপার্জন ও সৎকার্যে অর্থ

ব্যয় করা তাঁহার পক্ষে উপাসনা, কারণ যে গৃহস্থ সদুপায়ে ও সদুদ্দেশ্যে ধনী হইবার চেষ্টা করিতেছেন – সন্ন্যাসী নিজ কুটিরে বসিয়া উপাসনা করিলে উহা যেমন তাঁহার মুক্তিলাভের সহায় হয় – সেই গৃহস্থেরও ঠিক তাহাই হইয়া থাকে; যেহেতু উভয়ের মধ্যে আমরা ঈশ্বর ও তাঁহার সবকিছুর উপর ভক্তিভার-প্রণোদিত আত্মসমর্পণ ও ত্যাগরূপ একই ধর্মভাবের বিভিন্ন বিকাশ মাত্র দেখিতেছি।

"বিদ্যাধনযশোধর্মান্ যতমান উপার্জয়েৎ

ব্যসনখ্বাসতাং সঙ্গং মিথ্যা দ্রোহং পরিত্যজেৎ।।"

- গৃহস্থ যত্নপূর্বক বিদ্যা, ধন, যশ, ধর্ম উপার্জন করিবেন এবং ব্যসন (দ্যূত-ক্রীড়াদি), অসৎসঙ্গ, মিথ্যাবাক্য ও হিংসা, অনিষ্টাচরণ বা শক্রতা পরিত্যাগ করিবেন।

অনেক সময় লোকে নিজেদের সাধ্যাতীত কার্যে প্রবৃত্ত হয় এবং তাহার ফল এই হয় যে, উদ্দেশ্যসিদ্ধির জন্য অপরকে প্রতারণা করিয়া থাকে। আবার

"অবস্থানুগতাশ্চেষ্টা সময়ানুগতাঃ ক্রিয়াঃ।

তস্মাদবস্থাং সময়ং বীক্ষ্য কর্ম সমাচরেৎ।।"

- চেষ্টা অবস্থার অনুগত এবং ক্রিয়া সময়ের অনুগত। অতএব অবস্থা ও সময় অনুসারেই কর্ম করিবে। সকল বিষয়েই 'সময়'-এর দিকে বিশেষ দৃষ্টি রাখিতে হইবে। এক সময় যাহা বিফল হইল, আর এক সময়ে হয়তো তাহাতে প্রচুর সাফল্য লাভ হইল।

১৫৯

"সত্যং মৃদু প্রিয়ং ধীরো বাক্যং হিতকরং বদেৎ।

আত্মোৎকর্ষন্তথা নিন্দাং পরেষাং পরিবর্জ্জয়েৎ।।"

- ধীর গৃহস্থ ব্যক্তি সত্য মৃদু প্রিয় ও হিতকর বাক্য বলিবেন। তিনি নিজের যশ খ্যাপন করিবেন না এবং পরনিন্দা পরিত্যাগ করিবেন।

"জলাশয়শ্চ বৃক্ষাশ্চ বিস্রামগৃহমধ্বনি।

সেতুঃ প্রতিষ্ঠিতো যেন তেন লোকত্রয়ং জিতম্।।"

- যে ব্যক্তি জলাশয়-খনন, বৃক্ষরোপণ, পথিমধ্যে বিশ্রাম-গৃহ ও সেতু নির্মাণ করিয়া সাধারণের জন্য উৎসর্গ করেন, তিনি ত্রিভুবন জয় করিয়া থাকেন। বড় বড় যোগিগণ যে পদ প্রাপ্ত হন, তিনিও এই-সকল কর্ম করিয়া সেই পদলাভের দিকেই অগ্রসর হইতে থাকেন।

ইহাই কর্মযোগের এক অংশ – গৃহস্থের কর্তব্য ও কাজকর্ম। উক্ত তন্ত্রগ্রন্থেই আর কিছু পরে অপর একটি শ্লোক দৃষ্ট হয় –

"ন বিভেতি রণাদ্ যো বৈ সংগ্রামেহপ্যপরাঙ্মুখঃ।

ধর্মযুদ্ধে মৃতো বাপি তেন লোকত্রয়ং জিতম্।।"

- যিনি যুদ্ধে ভয় পান না, যিনি সংগ্রামে অপরাঙ্মুখ বা যিনি ধর্মযুদ্ধে মৃত হন, তিনি ত্রিভুবন জয় করেন। যদি স্বদেশের বা স্বধর্মের জন্য যুদ্ধ করিয়া গৃহস্থের মৃত্যু হয় – যোগিগণ ধ্যানের দ্বারা যে পদ লাভ করেন, তিনিও সেই পদ লাভ করিয়া থাকেন। ইহাতে স্পষ্ট দেখাইতেছে যে, একজনের পক্ষে যাহা কর্তব্য, অপরের পক্ষে তাহা

কর্তব্য নয়; পরন্তু শাস্ত্র কোনটিকেই হীন বা উন্নত বলিতেছেন না। বিভিন্ন দেশ-কাল-পাত্রে বিভিন্ন কর্তব্য রহিয়াছে এবং আমরা যে অবস্থায় রহিয়াছি, আমাদিগকে তদুপযোগী কর্তব্য পালন করিতে হইবে।

এই সমুদয় আলোচনা হইতে এই একটি ভাব পাওয়া যাইতেছে যে, দুর্বলতামাত্রই সর্বথা ঘৃণ্য ও পরিত্যাজ্য। আমাদের দর্শন, ধর্ম বা কর্মের ভিতর – আমাদের সমুদয় শাস্ত্রীয় শিক্ষার ভিতর – এই বিশেষ ভাবটি আমি খুব পছন্দ করি। যদি তোমরা বেদ পাঠ কর, দেখিবে – তাহাতে 'অভয়' শব্দটি বার বার উক্ত হইয়াছে। কোন কিছুকেই ভয় করিও না – ভয় দুর্বলতার চিহ্ন। এই দুর্বলতাই মানুষকে ভগবানের পথ হইতে বিচ্যুত করিয়া নানা পাপ-কর্মে টানিয়া লয়। সুতরাং জগতের ঘৃণা ও উপহাসের দিকে আদৌ লক্ষ্য না রাখিয়া অকুতোভয়ে নিজ কর্তব্য করিয়া যাইতে হইবে।

যদি কেহ সংসার হইতে দূরে থাকিয়া ঈশ্বরের উপাসনা করিতে যান, তাঁহার এরূপ ভাবা উচিত নয় যে, যাঁহারা সংসারে থাকিয়া জগতের হিত-চেষ্টা করিতেছেন, তাঁহারা ঈশ্বরের উপাসনা করিতেছেন না; আবার যাঁহারা স্ত্রী-পুত্রাদির জন্য সংসারে রহিয়াছেন, তাঁহারা যেন সংসারত্যাগীদিগকে নীচ ভবঘুরে মনে না করেন। নিজ নিজ ক্ষেত্রে প্রত্যেকেই মহান্‌।

কর্মই পূজা

স্বামী লোকেশ্বরানন্দ বিরচিত একটি প্রবন্ধ 'কর্মই পূজা' এখানে তুলে ধরা হল।এই প্রবন্ধটি পাঠ করলে আমরা বুঝতে পারব অতি সাধারন কাজকেও কিভাবে যোগে পরিণত করা যেতে পারে।

'সাধক-কবি রামপ্রসাদ তাঁর একটি গানে বলেছেন, 'আহার কর মনে কর আহুতি দিই শ্যামা মারে।' সমস্ত গানের মূল ভাবটি হলো, যত সামান্য কাজই করুন না কেন, সবকিছুই ঈশ্বরের পূজা করছেন মনে করে দীনতার সঙ্গে, শ্রদ্ধার সঙ্গে করতে হবে। রামপ্রসাদের এই দর্শন অনুসারে, ঈশ্বরকেই আমাদের জীবনের কেন্দ্রবিন্দু করতে হবে। আপনি যদি দেহের যত্ন করেন, তাহলেও আপনি প্রকৃতপক্ষে ঈশ্বরেরই যত্ন করছেন, কারণ ঈশ্বর আপনার দেহের মধ্যেই বিরাজ করছেন। নিজের জন্যই হোক বা অন্যের জন্যই হোক, যা কিছু আপনি করেন তা শুধুই ঈশ্বরকে তুষ্ট করার জন্য; কারণ তিনিই আপনার প্রভু। আপনি তাঁকে ভালবাসেন বলেই তাঁর সেবা করে সুখী হন; মনে করেন, সেবার সুযোগ পেয়ে আপনি ধন্য। সেবা করতে গিয়ে যদি কষ্টও পান, সেও আপনার পক্ষে সুখের। ঈশ্বর আপনাকে কিছু দেবেন – এই আশা করে আপনি তাঁর সেবা করেন। তাঁকে আপনি

ভালবাসেন, ভালো না বেসে পারেন না, তাই তাঁর সেবা করেন। তিনি আপনাকে ভালবাসতেও পারেন, নাও পারেন; তবু তাঁর প্রতি আপনার ভালবাসা অটল। আবার আপনি যে ভগবানের ভয়ে ভীত হয়ে তাঁকে ভালবাসেন, তাও নয়। কারণ যেখানে ভয়, সেখানে কি সত্যিকারের ভালবাসা থাকতে পারে? পারে না। অতএব আপনি ভগবানকে ভালবাসেন বলেই ভালবাসেন। এই হলো রামপ্রসাদের জীবনদর্শনের মূল তত্ত্ব।

এটি যে সম্পূর্ণ নতুন ভাব, তা নয়। গীতায়ও আপনি এই ভাব পাবেন। সেখানে কৃষ্ণ অর্জুনকে সব কর্মের ফল তাঁকে সমর্পণ করে দিতে বলছেন। অর্জুনকে বলছেন – কাজের অধিকার তোমার অবশ্যই আছে, কিন্তু ফলে তোমার কোনও অধিকার নেই। এখন প্রশ্ন উঠবে – ফলের দিকে দৃষ্টি না দিয়ে কাজ করা সম্ভব কি? একজন বুদ্ধিমান, অনুভূতিসম্পন্ন মানুষের পক্ষে কি রোবট হওয়া সম্ভব? ধরলাম, তিনি তা-ই হলেন। সেক্ষেত্রেও তাঁর কাজের কি কোনও মহত্ত্ব থাকবে? এই প্রশ্ন যে উঠতে পারে, কৃষ্ণ তা অনুমান করতে পেরেছিলেন। তাই তিনি বলছেন, একেবারে কর্ম না করে থাকা কারো পক্ষেই সম্ভব নয়। দৈহিক হোক আর মানসিক হোক, কাজ তাকে নিরন্তর করে যেতেই হবে। এখন মানুষ কোনও না কোনও ভাবে নিজের স্বার্থসিদ্ধির প্রেরণাতেই কাজ করছে। যখন তাকে সব কাজের ফল ঈশ্বরে সমর্পণ করতে বলা হবে, তখনও সে কঠোর পরিশ্রম করবে; কিন্তু নিজের জন্য নয়, ঈশ্বরের জন্য। যেহেতু সে সবকিছুর চেয়ে, সকলের চেয়ে, এমনকি নিজের থেকেও ঈশ্বরকে বেশি ভালবাসে, সেই হেতু যথাসাধ্য পরম যত্নের সঙ্গে সে কাজ করবে; প্রতিটি পদক্ষেপ সে সতর্ক হয়ে ফেলবে। কর্মের উপায়টির ওপর থেকে বিশেষভাবে লক্ষ্য রাখতে হবে,

কারণ উপায় এবং উদ্দেশ্য – দুটিই ভালো হওয়া চাই। তার সব প্রয়াসেরই বিশেষ মূল্য আছে, কারণ তাদের চরম লক্ষ্য একটিই – ঈশ্বরকে প্রসন্ন করা। এই লক্ষ্যটিকে সামনে রাখলেই তার প্রত্যেক কাজ পূজায় পরিণত হবে। তখন আর তুচ্ছ কাজকে তুচ্ছ বলে মনে হবে না, সামান্য কাজও পূজার সৌরভে অসামান্য হয়ে উঠবে।

আচ্ছা, মনে করা যাক, নিজের পরিবারের ভরণপোষণের জন্য কেউ দোকান চালাচ্ছেন অথবা জনমজুরের কাজ করছেন। তাহলেও কি বলতে হবে তিনি ঈশ্বরের আরাধনা করছেন? হ্যাঁ, তখনও তিনি ঈশ্বরের আরাধনাই করছেন, কারণ তিনি যা কিছু করছেন ঈশ্বরের জন্যই করছেন, নিজের জন্য নয়। ধর্মকে যদি আন্তরিকতার সঙ্গে গ্রহণ করতে হয়, তাহলে জীবনে তাকে প্রয়োগ করতে হবে এবং সেই প্রয়োগ তখনই যথার্থ হবে যখন ঈশ্বরকে আমরা আমাদের জীবনের কেন্দ্রভূমিতে প্রতিষ্ঠিত করবো, যেমন রামপ্রসাদ বলেছেন। যা কিছু করবো, মনে করতে হবে আমরা ঈশ্বরের সেবাই করছি। এ রকম করতে পারলে জীবন একটা দীর্ঘ প্রার্থনা হয়ে যাবে, ঈশ্বরের সঙ্গে একাত্ম হয়ে যাব আমরা। কর্ম তখনই আনন্দের হবে; পূজা বলে অনুভব হবে। মনে হবে, এ একটা সুযোগ – ঈশ্বর-উপাসনার সুযোগ।'

বহুরূপে সম্মুখে তোমার

অধ্যাপক পি আচার্য্যের লেখা 'বহুরূপে সম্মুখে তোমার' প্রবন্ধটি এখানে তুলে ধরা হল।

ভূমিকা – মানুষের সেবাই পরম-আরাধ্য ঈশ্বরের পূজা। মানুষের মধ্যেই ঈশ্বরের অধিষ্ঠান, নরের মধ্যেই তাঁর সুনিশ্চিত বসতি; তাই তো নারায়ণ। মানুষের মধ্যে তাঁর দিব্য আবির্ভাবকে সপ্রমাণ করে তোলার জন্য এই দুঃখ-বেদনা-পরিকীর্ণ মর্ত্যের মাটিতে কতবার তিনি জন্মগ্রহণ করেছেন। অবতার-রূপে কতবার আমাদের এই কুটিরে দেখেছি মানুষের ঠাকুরালি। অথচ ভ্রান্ত মানুষ দেখতে পায় না মানুষের মধ্যে তাঁর উজ্জ্বল আবির্ভাব। সে তাই মানব-জনপদ পরিত্যাগ করে সুদূর গিরি-গুহায় কিংবা অরণ্যকান্তারের নির্জনতায় করে ঈশ্বরের উপাসনা। মানুষের সঙ্গে মানুষের স্পর্শ পরিহার করাকেই তারা মনে করে ঈশ্বরলাভের প্রথম সোপান। কিন্তু ঈশ্বরের বাস গিরিগুহায় নয়, অরণ্য কান্তারে নয়, নয় মন্দিরের পাষাণ-বেষ্টনীর মধ্যে, ঈশ্বরের অধিষ্ঠান তাঁর বিচিত্র সৃষ্টির মধ্যে, তাঁর সৃষ্ট মানুষের মধ্যে। আমাদের চারিদিকে অহরহ কত আর্ত-ব্যথিত-পীড়িত ভগবান তাঁদের আকুল বাহু প্রসারিত

করে আমাদের সেবা প্রার্থনা করছেন, কত ক্ষুধার্ত ভগবান কাতর কণ্ঠে চাইছেন ক্ষুধার অন্ন। আমরা যদি তা শুনতে না পাই, কিংবা শুনেও যদি উপেক্ষা করি ঈশ্বরের ব্যাকুল আহ্বান, তাহলে মিথ্যে আমাদের ঈশ্বর-উপাসনা, মিথ্যে আমাদের ঈশ্বর সাধনা।

মানব-সেবাই ঈশ্বর সেবা – ভারতবর্ষের আবহমান কালের শিক্ষাই হলো, মানুষের অন্তরেই শ্রীভগবানের বাস; এবং মানব-সেবাই ঈশ্বরের শ্রেষ্ঠ পূজা। তিনি নানা রূপে, নানা বেশে আমাদের পূজা-গ্রহণের জন্য আমাদের চারিদিকে ঘুরে বেড়াচ্ছেন। কিন্তু আমাদের অমূলক শূচিতাবোধের জন্যে আমরা তাদের বিতাড়িত করি আমাদের দুয়ার থেকে। এইভাবে কত দরিদ্র ভগবান, কত ছদ্মবেশী ভগবান প্রতিদিন আমাদের দুয়ার থেকে ডাক দিয়ে ফিরে চলে যান – ‘জগতে দরিদ্ররূপে ফিরি দয়া তরে, গৃহহীনে গৃহ দিলে আমি থাকি ঘরে।’ ব্রজের রাখালকে আমরা সামান্য রাখাল ভেবে করি বিতাড়িত, শ্মশানের শিবকে অস্পৃশ্য চণ্ডাল মনে করি ঘৃণা। ‘ওকি, চণ্ডাল? চমকাও কেন? নহে ও ঘৃণ্য জীব। ওই হতে পারে হরিশ্চন্দ্র, ওই শ্মশানের শিব।’ আসল কথা, ভারতের মর্মবাণীই হলো, মানুষের দেহই জাগ্রত ভগবানের বাস-মন্দির। মানুষকে ভালবেসে, মানুষের সেবা করে আমরা আমাদের পরম-প্রার্থিত ঈশ্বরের সন্নিহিত হই।

ভারতের মর্মবাণী – মানবসেবা – ভারতবর্ষ এই মহান্ আদর্শের প্রবক্তা হয়েও বারে-বারে সে তার আদর্শচ্যুত হয়ে মানুষকে করেছে ঘৃণা, মানুষের স্পর্শকে দূরে ঠেকিয়ে প্রকারান্তরে ঈশ্বরের করেছে

অবমাননা। এইভাবে সমগ্র দেশ যখন মানব-সেবার আদর্শ ভ্রষ্ট হয়ে নর-নিগ্রহের নরককুণ্ডে পরিণত হয়েছে, তখনই এই মর্ত্যের মাটিতে জন্মগ্রহণ করেছে অবতারকল্প মহামানব। তিনি অপমানের ধূলিশয্যা থেকে ব্যথিত, অবমানিত মানবতার উদ্ধার সাধন করে তাকে সম্মানের সিংহাসনে পুনঃ প্রতিষ্ঠিত করে মহামানবতার জয়গান করে গেছেন। ভগবান বুদ্ধ, শ্রী চৈতন্য, শ্রীরামকৃষ্ণ, বিবেকানন্দ ধুলার তলে হীন-পতিতের ভগবানকে আবিষ্কার করে সমগ্র জাতিকে তার সেবার উদ্বুদ্ধ করে গেছেন। কারণ, 'জীবে প্রেমে করে যেইজন সেইজন সেবিছে ঈশ্বর।'

মানুষের সেবাই ভগবানের শ্রেষ্ঠ সেবা – কেবলমাত্র মন্দিরেই ভগবানের অধিষ্ঠান নয়; তাঁর মন্দির বিশ্ব-জোড়া। তিনি বিশ্বের স্বার্থপরদের পাষাণ-প্রাচীরের মধ্যে বন্দী না থেকে নেমে এসেছেন বিশ্ব মানবের মধ্যে। সেখানেই অগণিত মানুষের অবারিত বিশ্ব-দেবালয়ে আজ ঘটেছে তাঁর অধিষ্ঠান। কবি-শ্রেষ্ঠের ভাষায় –

'তিনি গেছেন যেথায় মাটি ভেঙে

করছে চাষা চাষ —

পাথর ভেঙে কাটছে যেথায় পথ,

খাটছে বারো মাস।'

মানুষের ভগবান আছেন 'সবার পিছে, সবার নিচে, সর্বহারাদের মাঝে।' বঞ্চিত, বুভুক্ষু, পীড়িত, আর্ত আশাহীন, ভাষাহীন সেইসব মানুষের সেবাই ভগবানের শ্রেষ্ঠ উপাসনা।

অতিথি-সেবা ও দরিদ্র-নারায়ণের সেবা – প্রাচীন ভারতের অতিথি সেবা ছিল গৃহস্থের পরম ধর্ম। প্রত্যেক পরিবারেই সেকালে থাকতো একটি করে অতিথিশালা। তাছাড়া, দরিদ্রদের সেবার নাম দেওয়া হয়েছিল দরিদ্র-নারায়ণের সেবা। প্রত্যেক মানুষের মধ্যেই ঈশ্বরের আলোকিত আবির্ভাব। দীন-দুঃখীর বেশে তিনি সর্বদাই আমাদের হৃদয়ের চারিদিকে খুঁজে বেড়ান প্রবেশের পথ। আমরা কি তাঁকে আমাদের হৃদয়ে প্রবেশাধিকার দেব না? পৃথিবীর মানুষের অজস্র দুঃখ। প্রাকৃতিক কারণে সেই দুঃখ অন্তহীন। ঝড়-ঝঞ্ঝা বন্যা-অগ্ন্যুৎপাত এবং রোগ-শোক-জরা-ব্যাধি পৃথিবীর মানুষকে বেষ্টন করে নিত্য শ্মশান-নৃত্যে মেতে আছে। তারাই তো আমাদের পীড়িত ঈশ্বর। তাদের সেবার মধ্য দিয়ে অন্তরে যে অনাবিল তৃপ্তি ও আনন্দের আলোকিত উদ্ভাস ঘটে, তাই তো ঈশ্বরের আবির্ভাব। মানুষ পশুত্ব থেকে মুক্ত হয়ে মনুষ্যত্ব-লাভের জন্যে বহু সহস্র বছর লড়াই করেছে, এখন সে লড়াই করে চলেছে মনুষ্যত্ব থেকে দেবত্বে উপনীত হবার জন্যে। আর্ত, পীড়িত, ক্ষুধার্ত ভগবান, কত পীড়িত ঈশ্বর। তাদের সেবার মধ্যস্থতায় আমরা ঈশ্বরের সন্নিহিত হবো। ভগবান বুদ্ধ 'বহুরূপে সম্মুখে তোমার ছাড়ি কোথা খুঁজিছ ঈশ্বর' ও মহামতি অশোক মানব-সেবার জন্যে গড়ে তুলেছিলেন নানা প্রতিষ্ঠান। তারপর অষ্টাদশ শতাব্দীতে ভারতে ইংরেজদের আগমনের পর খ্রীষ্টান মিশনারীদের উদ্যোগে জনসেবার আয়োজন দেখা যায়। তার প্রায় এক-শতাব্দী পরে ভারতে গড়ে ওঠে রামকৃষ্ণ মিশন, ভারত সেবাশ্রম ইত্যাদি নানা জনসেবাভিত্তিক, জনকল্যাণমূলক সেবা-প্রতিষ্ঠান। গান্ধীজীও জনসেবার আদর্শে আত্মনিয়োগ করেন সমাজের অবহেলিত হরিজন সেবায়।

দুঃস্থের সেবাই শ্রেষ্ঠ মানব-সেবা – সমাজবদ্ধ মানুষের মধ্যে আর্ত ও পীড়িতের প্রতি কর্তব্যবোধ স্বাভাবিক। সব দেশেই দুঃস্থ, পীড়িত, বিকলাঙ্গ, বৃদ্ধ, অসমর্থদের সেবার জন্যে আছে স্বেচ্ছাবৃত প্রতিষ্ঠান। আন্তর্জাতিক রেড্ ক্রশ প্রতিষ্ঠান এরূপ একটি সেবামূলক প্রতিষ্ঠান। এছাড়া প্রত্যেক দেশেই দাতব্য চিকিৎসালয়, অনাথাশ্রম, ধর্মশালা, গরীবখানা ইত্যাদি আছে। এই বিশ্বজোড়া দুর্দিনে মানুষ মানব-সেবার মহৎ আদর্শটি বিস্মৃত হয়নি, তার প্রমাণ পাওয়া যায় কোন আকস্মিক বিপৎপাতের সময়। দুর্ভিক্ষ, মহামারী, বন্যা, ভূমিকম্প ইত্যাদি সংঘটিত হলে আর্তের সেবায় মানুষ ঝাঁপিয়ে পড়ে। এইসব স্বতঃস্ফূর্ত সেবার দৃষ্টান্ত দেখে মানুষের মহত্ত্বে বিশ্বাস ফিরে আসে। রাষ্ট্রসংঘ ১৯৮১ সালকে বিশ্ব প্রতিবন্ধীবর্ষ রূপে ঘোষণা করে মানবতার সেবার যে দৃষ্টান্ত স্থাপন করে, তার জন্যে সে থাকবে সকলের ধন্যবাদার্হ।

উপসংহার – জনসেবাই ঈশ্বর-সেবা। সেই সেবার পশ্চাতে কোন প্রত্যাশা কিংবা অভিসন্ধি থাকা উচিত নয়। প্রত্যাশাবিহীন স্বার্থবিমুক্ত জনসেবার মাধ্যমে দেবসেবার মতো অন্তরে লাভ করা যায় এক অনাবিল স্বর্গীয় আনন্দের প্রসাদ। তাইই প্রকৃত জনসেবকের চরম এবং পরম প্রাপ্তি। জনসেবার আছে বহুদিক। প্রকৃত সেবক নিঃস্বার্থভাবে কাজ করে গেলে তাঁর সেই সেবার মধ্য দিয়ে লাভ করতে পারেন পবিত্র আনন্দ, অনাবিল তৃপ্তি। অনেক ভণ্ড সেবকের স্বার্থসিদ্ধির জন্য মুখোশ পড়ে ঘুরে বেড়ায়। তারা মানবতার শত্রু। তারা ক্ষুধিতের অন্ন চুরি করে, দুঃস্থের ত্রাণ-ব্যবস্থায় ভাগ বসায়, আত্মসাৎ করে সরকারী হাসপাতাল ও দাতব্য চিকিৎসালয়ের খাদ্যদ্রব্য ও ঔষধপত্রের বহুলাংশ,তারা মানবজাতির জঘন্যতম শত্রু সমাজের ঘৃণ্যতম অপরাধী ।

কর্মযোগ সম্পর্কে স্বামী বিবেকানন্দ

➢ Work is worship. Work and Worship. Work as worship. – Swami Vivekananda.

➢ 'পরোপকারই ধর্ম, পরপীড়নই পাপ। অপরকে ভালবাসাই ধর্ম, অপরকে ঘৃণা করাই পাপ। অভেদ-দর্শনই ধর্ম, ভেদ-দর্শনই পাপ।' - স্বামী বিবেকানন্দ।

➢ "নিঃস্বার্থ হও, 'নাহং নাহং – তুঁহু, তুঁহু' – এই ভাবটি সকল নীতি ও অনুশাসনের পটভূমি। তুমি আমার অংশ, এবং আমিও তোমার অংশ। তোমাকে আঘাত করিলে আমি নিজেই আঘাতপ্রাপ্ত হই, তোমাকে সাহায্য করিলে আমার নিজেরই সাহায্য হইয়া থাকে, তুমি জীবিত থাকিলে সম্ভবত আমারও মৃত্যু

হইতে পারে না – ইহার অর্থ এই ব্যক্তিভাবশূন্যতার স্বীকৃতি। যতক্ষণ এই বিপুল বিশ্বে একটি কীটও জীবিত থাকে, ততক্ষণ কিরূপে আমি মরিতে পারি?   কারণ আমার জীবন তো ঐ কীটের জীবনের মধ্যেও অনুস্যূত রহিয়াছে। সঙ্গে সঙ্গে আমরা এই শিক্ষাও পাই যে, কোন মানুষকে সাহায্য না করিয়া আমরা পারি না, তাহার কল্যাণে আমারই কল্যাণ।" – স্বামী বিবেকানন্দ।

➢ 'কাহাকেও কৃপার চোখে দেখিও না। সকলকে তোমার সমান বলিয়া দেখিবে, অসাম্যরূপ মুখ্য পাপ অন্তর হইতে মুছিয়া ফেল। আমরা সকলেই সমান। আমি ভাল, তুমি মন্দ, আমি তোমাকে সংশোধন করিবার চেষ্টা করিতেছি' – এইসব ভাব যেন আমাদের মনে উদিত না হয়। সমত্বই মুক্তি মানুষের লক্ষণ।

➢ 'পাপীরাই কেবল পাপ দেখিতে পায়। মানুষকে মানুষরূপে দেখিও না, তাহার মধ্যে শুধু ঈশ্বরকেই দর্শন কর। আমরাই নিজেদের স্বর্গ সৃষ্টি করি, এবং নরকেও স্বর্গে পরিণত করিতে পারি। নরকেই পাপীদের দেখিতে পাওয়া যায়। যতদিন আমরা আমাদের আশেপাশে পাপীদের দেখি, ততদিন আমরা নিজেরাই নরকে আছি।' – স্বামীজী।

➢ 'এইটি অনুভব করতে শিক্ষা কর যে, তুমি অন্য সকলের দেহেও বর্তমান – এইটি জানবার চেষ্টা কর যে, আমরা সকলেই এক।' – স্বামীজী।

➢ 'বুদ্ধ সম্বন্ধে ভারতীয় সমস্ত কাহিনীতেই পরার্থে আত্মত্যাগ তাঁহার সমগ্র জীবনের প্রধান সুরটি বজায় রাখা হইয়াছে। ' – স্বামীজী।

➢ 'Be and make' – Sw. Vivekananda

➢ ‘যতদিন না শরীর যাচ্ছে অকপটভাবে কাজে লেগে থাকো। আমার কাজ চাই – নাম যশ টাকা করি কিছু চাই নে।’ – স্বামীজী।

➢ ‘ভারতকে – সমগ্র জগৎকে জাগাতে হবে। এ না করলে চলবে না’ – বুঝলে? মৃত্যু পর্যন্ত অবিচলভাবে লেগে পড়ে থেকে আমি যেমন দেখাচ্ছি, ক’রে যেতে হবে – তবে তোমার সিদ্ধি নিশ্চিত।’ – স্বামী বিবেকানন্দ।

➢ “মানুষ ভগবানকে ভালবাসছিল, কিন্তু মনুষ্য ভ্রাতাদের কথা ভুলেই গিয়েছিল। ঈশ্বরের জন্য মানুষ নিজের জীবন পর্যন্ত বলি দিতে পারে, একবার ঘুরে দাঁড়িয়ে ঈশ্বরের নামে সে নরহত্যাও করতে পারে। এই ছিল জগতের অবস্থা। ভগবানের মহিমার জন্য তারা পুত্র বিসর্জিত দিত, দেশ লুণ্ঠন করত, সহস্র সহস্র জীবহত্যা করত, এই ধরিত্রীকে রক্তস্রোতে প্লাবিত করত ভগবানেরই জয় দিয়ে। মানুষকেই ভালবাসতে হবে। এই হল সর্বশ্রেণীর মানুষের জন্য গভীর প্রেমের প্রথম প্রবাহ – সত্য ও বিশুদ্ধ জ্ঞানের প্রথম তরঙ্গ, যা ভারতবর্ষ থেকে উত্থিত হয়ে ক্রমশঃ উত্তর-দক্ষিণ, পূর্ব-পশ্চিমের নানা দেশকে প্লাবিত করেছে।” – স্বামীজী।

➢ “যীশুর শৈলোপদেশ (Sermon on the Mount) এবং গীতাই ধরা যাক – অতি সহজ সরল সে-সব কথা। একজন রাস্তার লোকও তা বুঝতে পারে। কী চমৎকার! সত্য অত্যন্ত স্বচ্ছ ও সরলভাবেই এখানে প্রকাশিত। কিন্তু না, ঐ পুরোহিতরা এত সহজেই সত্যকে ধরে ফেলাটা পছন্দ করবে না। তারা দু-হাজার স্বর্গ আর দু-হাজার নরকের কথা শোনাবেই। লোকে যদি তাদের

বিধান মেনে চলে, তবে স্বর্গে গতি হবে আর তাদের অনুশাসন না মানলে লোকে নরকে যাবে।" – স্বামীজী।

➢ "বুদ্ধের আমলে ভারতবর্ষ এইসব ভাবে ভরে গিয়েছিল। নিরীহ জনসাধারণকে সর্বপ্রকার শিক্ষা থেকে বঞ্চিত রাখা হয়েছিল। বেদের একটিমাত্র শব্দও কোন বেচারার কানে প্রবেশ করলে তাকে দারুণ শাস্তি ভোগ করতে হত। প্রাচীন হিন্দুদের দ্বারা দৃষ্ট বা অনুভূত সত্যরাশি বেদকে পুরোহিতরা গুপ্ত সম্পত্তিতে পরিণত করেছিল!অবশেষে একজন আর সহ্য করতে পারছিলেন না। তাঁর ছিল বুদ্ধি, শক্তি ও হৃদয় – উন্মুক্ত আকাশের মত অনন্ত হৃদয়। তিনি দেখলেন জনসাধারণ কেমন করে পুরোহিতদের দ্বারা চালিত হচ্ছে, আর পুরোহিতরাও কিভাবে সাহসী হয়ে উঠছে। এর একটা বিহিত করতেও তিনি উদ্যোগী হলেন। কারও ওপর কোন আধিপত্য বিস্তার করতে তিনি চাননি। মানুষের মানসিক বা আধ্যাত্মিক সকল রকম বন্ধনকে চূর্ণ করতে উদ্যত হয়েছিলেন তিনি। তাঁর হৃদয়ও ছিল বিশাল। প্রশস্ত হৃদয় আমাদের মধ্যে আরও অনেকেরই আছে এবং সকলকে সহায়তা করতে আমরাও চাই। কিন্তু আমাদের সকলেরই বুদ্ধিমত্তা নেই; কি উপায়ে কিভাবে সাহায্য করা যায়, তা জানা নেই। মানবাত্মার মুক্তির পথ উদ্ভাবন করার মতো যথেষ্ট বুদ্ধি এই মানুষটি ছিল। লোকের কেন এত দুঃখ – তা তিনি জেনেছিলেন, আর এই দুঃখ-নিবৃত্তির উপায়ও তিনি আবিষ্কার করেছিলেন। সর্বগুণান্বিত মানুষ ছিলেন তিনি, সব কিছুর সমাধান করেছিলেন তিনি। তিনি নির্বিচারে সকলকেই উপদেশ দিয়ে বোধিলব্ধ শান্তি উপলব্ধি

করতে তাদের সাহায্য করেছিলেন। ইনিই মহামানব বুদ্ধ।” – স্বামীজী।

➢ "God works incessantly and is ever without attachment. Just as water cannot wet the lotus leaf, so work cannot bind the unselfish person by giving rise to attachment to result. The selfless and unattached person may live in the very heart of a crowded and sinful city; he or she will not be touched by sin." ----- Swamiji,

➢ "I have not found a way that will please all, and I cannot but be what I am, true to my own self.

➢ "Youth and beauty vanish, life and wealth vanish, name and fame vanish even the mountains crumble into dust. Friendship and love vanish. Truth alone abides. 'God of Truth, Thou alone my guide!" – Swamiji.

➢ “হে মহামনা রাজন্! এ জীবন ক্ষণভঙ্গুর, জগতের ধন, মান, ঐশ্বর্য এ সকলই ক্ষণস্থায়ী। তারাই যথার্থ জীবিত, যারা অপরের জন্য জীবন ধারণ করে। অবশিষ্ট ব্যক্তিগণ বেঁচে নেই, মরে আছে।” – স্বামীজী।

➢ “কোনো ধনী ব্যক্তির একটি বাগান ছিল এবং দুইটি মালী ছিল। তাহাদের মধ্যে একজন খুব অলস, সে কোন কাজই করিত না; কিন্তু প্রভু আসিবা মাত্র করজোড়ে ‘প্রভুর কিবা

রূপ, কিবা গুণ, বলিয়া তাঁহার সম্মুখে নৃত্য করিত। অপর মালীটি বেশী কথা জানিত না – সে খুব পরিশ্রম করিয়া প্রভুর বাগানে সকল প্রকার ফল ও শাক-সবজি উৎপন্ন করিত। বলো দেখি, এই দুই মালীর মধ্যে প্রভু কাহাকে অধিকতর ভালবাসিবেন? এইরূপ শিব আমাদের সকলের প্রভু, জগৎ তাহার উদ্যানস্বরূপ, আর এখানে দুই প্রকার মালী আছে" - স্বামী বিবেকানন্দ।

➢ "বুদ্ধ জীবনের একটা বিশেষ আবেদন আছে। আমি সারা জীবনে বুদ্ধের অত্যন্ত অনুরাগী, তবেতাঁর মতবাদের নই। অন্য সব চরিত্রের চেয়ে এঁর চরিত্রের প্রতি আমার শ্রদ্ধা অধিক। আহা, সেই সাহসিকতা, সেই নির্ভীকতা, সেই গভীর প্রেম! মানুষের কল্যাণের জন্যই তাঁর জন্ম! সবাই নিজের জন্য ঈশ্বরকে খুঁজেছে, কত লোকই সত্যানুসন্ধান করছে; তিনি কিন্তু নিজের জন্য সত্যলাভের চেষ্টা করেননি। তিনি সত্যের সন্ধান করেছেন মানুষের দুঃখে কাতর হয়ে। কেমন ক'রে মানুষকে সাহায্য করবেন, এই ছিল তাঁর একমাত্র চিন্তা। সারা জীবন তিনি কখনও নিজের ভাবনা ভাবেন নি। এত বড় মহৎ জীবনের ধারণা আমাদের মতো অজ্ঞ স্বার্থান্ধ সংকীর্ণচিত্ত মানুষ কি করে করতে পারে?"

স্বামী বিবেকানন্দ (মহাপুরুষ প্রসঙ্গ, পাতা-১০৬)

➢ "আত্মনো মোক্ষার্থং জগদ্ধিতায় চ"।।

 - নিজের মুক্তি ও জগতের হিতসাধন করতে হবে।

➢ 'ধৈর্য্য, পবিত্রতা ও অধ্যাবসায়ের জয় হবে।' – স্বামীজী

➢ ‘নিরাশ হইয়ো না। স্মরণ রাখিও ভগবদ গীতায় বলেছেন কর্মে তোমার অধিকার ফলে নয়’ – স্বামীজী

➢ ‘পবিত্রতা, সহিষ্ণুতা ও অধ্যাবসায় – এই তিনটি সর্বোপরি প্রেম সিদ্ধিলাভের জন্য একান্ত আবশ্যক’ – স্বামীজী

➢ ‘ধীর, নিঃস্তব্ধ অথচ দৃঢ়ভাবে কাজ করতে হবে।’ – স্বামীজী

➢ ‘যে সন্ন্যাসীর অন্তরে অপরের কল্যাণ-সাধন-স্পৃহা বর্তমান নাই সে – সন্ন্যাসীই নহে – সে তো পশুমাত্র!’ – স্বামীজী।

➢ ‘সমগ্র জগতের ইতিহাস আলোচনা করলে দেখতে পাবে, মহাপুরুষগণ চিরকাল বড় বড় স্বার্থত্যাগ করেছেন, আর সাধারণ লোক তার সুফল ভোগ করেছে।’ – স্বামীজী।

➢ ‘হে মহাপ্রাণ, ওঠ জাগো! জগৎ দুঃখে পুড়ে খাক্‌ হয়ে যাচ্ছে – তোমার কি নিদ্রা সাজে।’ – স্বামীজী।

➢ ‘যোগ কর্মসু কৌশলম্‌!’ – যোগ হল কর্মের কৌশল।

➢ "Karma yoga is a method of purifying the mind through work. All fear and all desire to enjoy here or hereafter must be banished forever by the karma yogi. The karma without desire of return will destroy selfishness, which is the root of all bondage." – Swami Vivekananda.

➢ ‘কাজ চিরকালই ধীরে ধীরে হয়ে এসেছে, চিরকালই ধীরে ধীরে হবে – এখন ফলাকাঙ্ক্ষা ত্যাগ করে শুধু কাজ করেই খুশি থাকো, সর্বোপরি, পবিত্র ও দৃঢ় চিত্ত হও – ভাবের ঘরে

যেন এতটুকু চুরি না থাকে, তা হলেই সব ঠিক হয়ে যাবে।'
– স্বামীজী।

➢ 'তুমি তোমার কাজ করে যাও, আর মনে রেখো – 'ন হি কল্যাণকৃত কশ্চিত দুর্গতিং তাত গচ্ছতি' ।– স্বামীজী।

➢ "শ্রদ্ধাবান হও, বীর্যবান হও, আত্মজ্ঞান লাভ করো আর পরহিতায় জীবনপাত করো। এই আমার ইচ্ছা ও আশীর্বাদ।"
– স্বামী বিবেকানন্দ

➢ **'আত্মনং মোক্ষার্থং জগৎহিতায় চ।।'**

অর্থাৎ জগতের হিতসাধনই নিজের মুক্তি সাধন।

➢ "The whole gist of the karma yoga teaching is that you should work like a master and not as slave. Work incessantly, but do not do slave's work. Ninety-nine percent of mankind work like slaves, and the result is misery. It is selfish work. Work through freedom! Work through love!" – Swami Vivekananda.

➢ 'আমি সেই দেবতার পূজা করি, যাকে সবাই মানুষ বলে, আসলে মানুষ বলে কিছু নেই সবই দেবতা।' - স্বামী বিবেকানন্দ।

➢ ‘যিনি দরিদ্রদের মধ্যে শিবকে দেখতে পান তিনিই যথার্থ শিবের উপাসক।’ – স্বামীজী

➢ ‘একদিন বুঝবি কারোর জন্য এক ছিলেম তামাক সাজা – কোটি ধ্যান অপেক্ষা শ্রেষ্ঠ।’ – স্বামীজী

➢ ‘আমরা জীবন্ত ঈশ্বরকে পূজা করিতে চাই। আমি সারাজীবন ঈশ্বর ব্যতীত আর কিছুই দেখি নাই; তুমিও দেখ নাই; এই চেয়ারখানিকে দেকিতে হইলে তোমাকে প্রথমে ঈশ্বর দেখিতে হয়, তারপর তাঁহারাই ভিতর দিয়া চেয়ারখানিকে দেখিতে হয়। তিনি দিবারাত্র জগতে থাকিয়া ‘আমি আছি’ ‘আমি আছি’ বলিতেছেন। কোথায় তুমি ঈশ্বরকে খুঁজিতে যাইবে, যদি তুমি তাঁহাকে নিজ হৃদয়ে, সকল প্রাণীর ভিতরে না দেখিতে পাও, যদি তাঁহাকে – ঐ যে লোকটা রাস্তায় মোট বহিয়া গলদ্‌ ঘর্ম হইতেছে, তাহার মধ্যেও না দেখিতে পাও? – স্বামী বিবেকানন্দ।

➢ “ত্বং স্ত্রী ত্বং পুমানসি ত্বং কুমার উত বা কুমারী।

ত্বং জীর্ণো দণ্ডেন বঞ্চসি ত্বং জাতো ভবসি বিশ্বতোমুখঃ।।”

–শ্বেতাশ্বর উপনিষদ

- তুমি স্ত্রী, তুমি পুরুষ, তুমি বালক, তুমি বালিকা, তুমি বৃদ্ধ দণ্ডে ভর দিয়া বেড়াইতেছ, তুমিই জগতে জন্মগ্রহণ করিতেছ। তুমি এই সব; তুমিই অপূর্ব জীবন্ত ঈশ্বর। (বাণী ও রচনা – পৃষ্ঠা ১৯০)।

➢ "তোমাদের কি বাইবেলের সেই কথা স্মরণ নাই; যদি তুমি তোমার ভ্রাতাকে – যাহাকে তুমি দেখিয়াছ – ভালবাসিতে না পার, তবে যে ঈশ্বরকে কখনও দেখ নাই, তাঁহাকে ভালবাসিবে কি করিয়া? যদি তাঁহাকে দেবভাবাপন্ন মনুষ্যের মুখে না দেখিতে পার, তবে তাঁহাকে মেঘে অথবা অন্য কোন জড় পদার্থে অথবা তোমার নিজ মস্তিষ্কের কল্পিত গল্পে দেখিবে কি করিয়া? যে-দিন হইতে তোমার সকল নরনারীর মধ্যে ঈশ্বর দেখিতে থাকিবে, সেই দিন হইতে আমি তোমাদিগকে ধার্মিক বলিব, তখনই তোমরা বুঝিবে – ডান গালে কেহ চড় মারিলে বাঁ গাল ফেরানোর অর্থ কি। যখন তুমি মানুষকে ঈশ্বররূপে দেখিবে, তখন সকল প্রাণী – এমন কি ব্যাঘ্র পর্যন্ত তোমার নিকটে আসিলে তাহাকে স্বাগত জানাইবে। যাহা কিছু তোমার নিকট আসে, সবই সেই অনন্ত আনন্দময় প্রভু নানারূপে আসিতেছেন – তিনি আমাদের পিতা, মাতা, বন্ধু। আমাদের আত্মাই আমাদের সঙ্গে খেলা করিতেছেন।"

- স্বামী বিবেকানন্দ

➢ "নিষ্কাম ভালবাসায় তোমাকে আঘাত পাইতে হইবে না। যাহা কিছু কর, ক্ষতি নাই। বিবাহ করিতে পারো, সন্তানের জনক হইতে পারো, তোমার যাহা খুশি করিতে পারো – কিছুই তোমাকে দুঃখ দিবে না; 'অহং' বুদ্ধিতে কিছু করিও না। কর্তব্যের জন্যই কর্তব্য কর; কর্মের জন্যই কর্ম কর।"

– স্বামী বিবেকানন্দ (মহাপুরুষ প্রসঙ্গ, পৃঃ-৮৭)

১৭৯

➢ "দিবারাত্র কাজ কর। 'দেখ, আমি জগতের ঈশ্বর, আমার কোন কর্তব্য নাই। প্রত্যেক কর্তব্যই বন্ধন। কিন্তু আমি কর্মের জন্যই কর্ম করি। যদি ক্ষণমাত্রও আমি কর্ম হইতে বিরতহই, (সব কিছু বিশৃঙ্খল হইবে)।" (গীতা ৩/২২-২৩)

➢ অতএব কেবল কাজ করিয়া যাও, কিন্তু কর্তব্যবোধে নয়। এই সংসার যেন একটি খেলা। তোমরা তাঁহার (ভগবানের) খেলার সাথী। কোন দুঃখ, কোন দুর্গতির কথা না ভাবিয়া কাজ করিয়া যাও। কদর্য বস্তিতে এবং সুসজ্জিত বৈঠকখানায় ভগবানেরই লীলা দেখ। লোককে উন্নত করিবার জন্য কাজ কর। তাহারা যে পাপী বা হীন, তাহা নয়; কৃষ্ণ এরূপ বলেন না।

➢ "সৎকাজ এত কম হয় কেন জানো? কোন ভদ্রমহিলা একটি বস্তিতে গেলেন। তিনি কয়েকটি টাকা দিয়া বলিলেন, 'আহা, গরীব বেচারীরা! ইহা লইয়া সুখী হও।' আবার কোন সুন্দরী হয়তো রাস্তা দিয়া যাইতে যাইতে একজন দরিদ্রকে দেখিলেন এবং কয়েকটি পয়সা তাহার সম্মুখে ছুঁড়িয়া দিলেন। ভাবো দেখি, ইহা কিরূপ নিন্দনীয়! আমরা ধন্য যে, এই বিষয়ে তোমাদের বাইবেলে ভগবান আমাদিগকে উপদেশ দিয়াছেন। যীশু বলিতেছেন, 'তোমরা আমার এই ভাতৃগণের মধ্যে দীনতম ব্যক্তির জন্য ইহা করিয়াছ বলিয়া ইহা অধর্ম। প্রথমতঃ সাহায্য করার ভাবটি মন হইতে উৎপাটিত কর, তারপর উপাসনা করিতে যাও। ঈশ্বরের সন্তানসন্ততি যে তোমার প্রভুরই সন্তান। তুমি তো তাঁহার সেবক। জীবন্ত ঈশ্বরের সেবা কর। ঈশ্বর তোমার নিকটে অন্ধ, খঞ্জ, দরিদ্র, দুর্বল বা পাপীর মূর্তিতে আসেন। তোমার জন্য উপাসনার কী চমৎকার

সুযোগ। যে-মুহূর্তে চিন্তা কর যে, তুমি 'সাহায্য' করিতেছ, তখনই সমস্ত আদর্শটি নষ্ট করিয়া নিজেকে অবনত করিয়া ফেলিয়াছ। এইটি জানিয়া কাজ কর। প্রশ্ন করিবে 'তার পর?' তোমাকে আর হৃদয়ভেদী ভয়ান বা দুঃখে পড়িতে হইবে না। তখন কর্ম আর বন্ধন হইবে না। কর্ম খেলা হইয়া যাইবে, আনন্দে পরিণত হইবে। কর্ম কর। অনাসক্ত হও। ইহাই সম্পূর্ণ কর্মরহস্য। যদি আসক্ত হও, দুঃখ আসিবে।" - স্বামী বিবেকানন্দ (মহাপুরুষ প্রসঙ্গ, পৃষ্ঠা-৮৬)

> "Get rid of all limited ideas and see God in every person – working through all hands, walking through all feet, and eating through every month. In every being God lives, Through all minds God think's is God is self-evident, nearer unto us than ourselves. To know this is religion. To know this is faith. May it please the Lord to give us this faith!" – Swami Vivekananda.

(From a Lecturer on 'what is Religion?' complete works 1.34)

> মনুষ্যে ঈশ্বর-আরোপ বড়ই মুশকিল; কিন্তু চেষ্টা করিতে করিতে নিশ্চয়ই সফল হওয়া যায়। প্রতি মনুষ্যে তিনি আছেন,

সে জানুক বা না জানুক; তোমার ভক্তিতে সেই ঈশ্বরত্ব-উদয় তাহার মধ্যে হইবেই হইবে।

➤ "If in this hell of a world one can bring a little joy and peace even for a day into the heart of a single person, that much alone is true; this I have learnt after suffering all my life; all else is mere moonshine."   --Swami Vivekananda

(Letter to Swami Brahmananda from Varanasi, 18 February 1902, Complete Works of Swami Vivekananda, Vol 5, Letter CXVIII)

➤ "Give up all fruits of work. Do good for its own sake. Then alone will come perfect non-attachment. The bonds of the heart will thus break and we shall reap perfect freedom. This freedom is indeed the goal of karma yoga. ---- Swamiji.

Class on Karma Yoga. New York, January 10, 1896. Complete Works, 1. 107."

➢ জগতে সর্বদাই দাতার আসন গ্রহণ করো। সর্বস্ব দিয়ে দাও, আর ফিরে কিছু চেও না। ভালবাসা দাও, সাহায্য দাও, সেবা দাও, যতটুকু যা তোমার দেবার আছে দিয়ে যাও; কিন্তু সাবধান, বিনিময়ে কিছু চেও না। কোন শর্ত ক'রো না, তা হলেই তোমার ঘাড়েও কোন শর্ত চাপবে না। আমরা যেন আমাদের নিজেদের বদান্যতা থেকেই দিয়ে যাই-ঠিক যেমন ঈশ্বর আমাদের দিয়ে থাকেন।---- স্বামী বিবেকানন্দ

➢ "If a very small fractional part of human beings living today can put aside the idea of selfishness, narrowness, and littleness, this earth will become a paradise tomorrow; but with machines and improvements of material knowledge only, it will never be. These only increase misery, as oil poured on fire increases the flame all the more. ------Swami Vivekananda.

Jnana Yoga: "The Real Nature of Man" (London, June 21, 1896). Complete Works, 2. 84."

কর্মযোগ সম্পর্কে শ্রীরামকৃষ্ণ ও শ্রী শ্রী সারদা মা

'jiva is shiva (all living beings are God) who then dare talk of showing mercy to them? Not mercy, but services, service. For man must be regarded as God.' – Sri Ramakrishna.

'কর্মযোগ খুব কঠিন।' – শ্রীরামকৃষ্ণ

'সংসার ধর্ম, তাতে দোষ নাই। কিন্তু ঈশ্বরের পাদপদ্মে মন রেখে, কামনাশূন্য হয়ে কাজকর্ম করবে।' - শ্রী রামকৃষ্ণ।

"তবে কর্ম একেবারে ত্যাগ করবার যো নাই। তোমার প্রকৃতিতে তোমায় কর্ম করাবে। তা তুমি ইচ্ছা কর, আর নাই কর। তাই বলেছে অনাসক্ত হয়ে কর্ম কর। অনাসক্ত হয়ে কর্ম কর - কি না; কর্মের ফল

আকাঙ্ক্ষা করবে না। যেমন পূজা জপ তপ করছো, কিন্তু লোকমান্য জন্য নয়, কিম্বা পূণ্য করবার জন্য নয়। " -শ্রী রামকৃষ্ণ

" কর্ম চাই, তবে দর্শন হয়। একদিন ভাবে হালদার পুকুর দেখলুম। দেখি, একজন ছোটলোক পানা ঠেলে জল নিচ্ছে, আর হাত তুলে এক-একবার দেখছে। যেন দেখালে, পানা না ঠেললে জল দেখা যায় না- কর্ম না করলে ভক্তিলাভ হয় না, ঈশ্বরদর্শন হয় না। ধ্যান, জপ, এই সব কর্ম, তাঁর নামগুণকীর্তণও কর্ম- আবার দান, যজ্ঞ এসবও কর্ম। মাখন যদি চাও, তবে দুধকে দই পাততে হয়। তারপর নির্জনে রাখতে হয়। তারপর দই বসলে পরিশ্রম করে মন্থন করতে হয়। তবে মাখন তোলা হয়।"

--- ভগবান শ্রীরামকৃষ্ণ।

" মানুষ স্বীয় কর্মেরই ফল ভোগ করে, এজন্য অপরকে দোষী না করে ভগবানের নিকট প্রার্থনা ও তাঁর কৃপার উপর নির্ভর করে ধীরভাবে সকল অবস্থায় সহ্য করে যাওয়াই প্রয়োজন। "

---- মা সারদা।

"দেখ, বিচার করা, মনের নানা সংশয় দুর করা, জপ - ধ্যান ইত্যাদি করা- সব হলো চিত্তের শুদ্ধতা আনার জন্য, কিনা এসব অনিত্য জিনিস থেকে, মনের বিক্ষিপ্ততা থেকে, মনকে গুটিয়ে শুদ্ধ করে তাঁর সান্নিধ্যলাভের জন্য ব্যাকুল হওয়া । তারপর তাঁর কৃপা যে কিসে হবে তা তিনিই জানেন। তবে কি জানো সবচেয়ে কিসে তিনি প্রসন্ন হন?

এই যা করছ, এতেই তিনি একমাত্র প্রসন্ন হন অর্থাৎ সেবাতে। সেবায় বনের পশুপাখি থেকে স্বয়ং ভগবান পর্যন্ত, সব বশ। কাজেই এখন আর মন খারাপ না করে যেমন করছ করে যাও। আপনার জনদের আবার চাওয়া- চাওয়ি কি আছে?"

- মাতৃসান্নিধ্যে প্রকৃতিং পরমাম্। স্বামী অজজানন্দ।

Some QR Code for Lectures on Karma yoga.

One. 33 Bhagavad Gita. Chapter 2 verses 22-26. Swami Sarvapryananda.

Two. 31. Bhagavad Gita. Chapter3 Verses 16-18 Swami Sarvapryananda.

Three. 30 Bhagavad Gita Chapter3 Verses 9-16. Swami Sarvapryananda.

Four. 27. Bhagavad Gita. Chapter 3.Verses 1-3. Swami Sarvapriyananda

Five. 28 Bhagavad Gita.Chapter 3 verses4-6. Swami Sarvapriyananda.

Six. গীতা/ কর্মযোগ/শ্লোক (১-৩০). স্বামী হরিময়ানন্দ.

Seven. Karma yoga (স্বামীজীর কর্মযোগ, কর্মের প্রভাব) Swami Harimayananda.

Eight. Spritualizing Everyday Life- The Message of swami vivekananda.(Swami Sarvapryananda)

Nine. Karma Yoga: Spiritualizing Life by Swami Sarvapriyananda.

 Ten. Swami Vivekananda on karma & Freedom. Swami Sarvapriyananda.

Eleven. Karma Yoga: The Path of Action (Part- 1) Swami Sarvapriyananda.

Twelve. Karma Yoga: The Path of Action (Part- 2) Swami Sarvapriyananda.

কর্মযোগ সম্পর্কে মনীষীগণ

প্রভু যীশুর উপদেশ

১। 'শত্রুদের ভালবেসো। যারা দ্বেষ করে তাদের মঙ্গল করো।'

২। 'অভিশাপ দিলে আশীর্বাদ করো। নিন্দা করলে প্রার্থনা করো।'

৩। 'কেউ ভিক্ষা চাইলে তাকে কিছু দিও।'

৪। 'কেউ তোমার জিনিষ নিলে তা ফেরৎ চেয়ো না।'

৫। 'অন্যের কাছে যা আশা করো, তাদের প্রতি তেমনি ব্যবহার করো।'

৬। 'যারা তোমাকে ভালবাসে শুধু তাদেরকে ভালবাসলে তোমার কৃতিত্ব কোথায় বলো? যারা তোমাদের উপকার করে শুধু তাদেরই উপকার করলে তোমার আশীর্বাদ পাবে কেন?

> ‘তুমি যদি দৃশ্যমান মানুষকে ভালবাসতে না পারো, তাহলে অদৃশ্য ভগবানকে কীভাবে ভালবাসবে।’

> ‘আমরা বড়ো কাজ সুযোগ সবাই পাই না ,কিন্তু ছোটো কাজকে বড়ো ক’রে সবাই করতে পারি।’

Mahatma Gandhi

> ‘The best way to find yourself is to lose yourself in the service of others.’

> "First they ignore you then they laugh at you, then they fight you, then you win.’

Rabindranath Tagore

"I slept and dreamt that life was joy. I awoke and saw that life was service. I acted and behold, service was joy"

Sai Baba

'No joy can equal the joy of service others'

Albert Einstein

'Only a life lived in the services to others is worth living.'

স্বামী লোকেশ্বরানন্দ

"বাইরে থেকে কোনও মানুষের কাজকর্ম দেখে তার সম্পর্কে সঠিক ধারণা করা বিপজ্জনক। দেখতে হবে মানুষ হিসাবে তিনি কেমন। কিছু করার থেকে 'হওয়া' তাই অনেক বেশি গুরুত্বপূর্ণ। একজন সৎ ব্যক্তি হয়তো তেমন কিছু সমাজসেবা করেন না। কিন্তু তাঁর সান্নিধ্যে মানুষের মন পবিত্র ও উন্নত হয়। তিনি নীরবে সকলের অলক্ষ্যে কল্যাণ করে যান এবং তার ফলও দীর্ঘস্থায়ী হয়। কিন্তু যিনি দেখিয়ে বেড়ান লোকের উপকার করার জন্য তাঁর নাওয়া-খাওয়ার সময় নেই, বাস্তবে হয়তো তিনি ভালো কিছুই করছেন না। অপরদিকে, একজন সৎ ও উন্নত চরিত্রের মানুষকে বেশি কিছু করতে হয় না, কিন্তু তিনি যা

কিছুই করেন, তা-ই প্রভূত কল্যাণের কারণ হয়। কারণ, তিনি স্বয়ং কল্যান স্বরূপ হয়ে গেছেন।"

স্বামী তুরীয়ানন্দ

'আদর্শ জীবনযাপনই আসল কথা। জীবনই সৃষ্টি করে জীবন। সেবা কর, সেবা কর, সেবা কর-এই শ্রেষ্ঠ শিক্ষা। নম্র হও। সকলের সেবক হও। যে সেবা করতে প্রস্তুত, সেই ব্যক্তিই শাসন করতে সমর্থ। (স্বামী তুরীয়ানন্দের স্মৃতিকথা, উদ্বোধন কার্যালয়: কলকাতা, ২০০৬, পৃঃ ১৬)

কর্মযোগী সুভাষচন্দ্র বসু

নেতাজী সুভাষচন্দ্র বোস সন্ন্যাসী হতে চেয়েছিলেন!

স্বামীজী লিখেছেন: প্রত্যেক জীব শক্তি প্রকাশের এক-একটি কেন্দ্র। পূর্বের কর্মফলে সে শক্তি সঞ্চিত হয়ে আছে, আমরা তাই নিয়ে জন্মেছি।

প্রণম্য গবেষক শঙ্করীপ্রসাদ বসু তাঁর সুভাষচন্দ্র বিষয়ক গবেষণাগ্রন্থে বলেছেন- তিনি সেই ক্ষণজন্মা পুরুষ, যিনি প্রথম জীবনে মোক্ষমার্গের অনুসারী পরে তাকে ত্যাগ করে পরিণত যৌবন থেকে – ভারতীয় ইতিহাসে ধর্মমার্গী মহাবীর অর্জুনের ভূমিকা নিয়েছিলেন। তাঁর কাছে ভারতের ধর্মক্ষেত্র কুরুক্ষেত্রে কৃষ্ণের ভূমিকা নিয়েছিলেন – স্বামী বিবেকানন্দ।

স্বামীজীর ত্যাগের মন্ত্রে সুভাষের জীবন উদ্বেলিত হয়ে উঠেছিল যুবা বয়সেই।

কলেজে পড়তে পড়তেই মনে তোলপাড় আকুতি আর নয়, এবার বেরিয়ে পড়তে হবে গুরুর সন্ধানে তাঁর বয়স তখন ১৭ বছর। তখন একটা অভাবিত ঘটনা ঘটে তাঁর জীবনে।

দূর সম্পর্কের এক আত্মীয় যুবক এসেছিলেন কটকে। সুভাষ একদিন গেলেন তাঁর কাছে।

যুবকটি ছিলেন স্বামী বিবেকানন্দের ভক্ত। তাঁর টেবিলে রাখা ছিল বিবেকানন্দের লেখা অনেক গুলো বই। সুভাষ বই গুলি পড়তে শুরু করলেন – এক নতুন দিগন্ত খুলে গেল তাঁর সামনে।

ধর্মে ধর্মে কোনও ভেদ নেই; দয়া নয় সেবা, ত্যাগ, ব্রহ্মচর্য।

দরিদ্র অবহেলিত মানুষের সেবাই যে পরম কর্তব্য, এ বিষয়ে কোন সন্দেহ রইল না তাঁর।

সন্ন্যাসী হওয়ার বাসনা – প্রবল হয়ে উঠল তাঁর মনে। কিন্তু সন্ন্যাসী হতে গেলে প্রয়োজন একজন সদগুরুর।

তিনি শুনেছিলেন উত্তর-পশ্চিম ভারতে এমন সন্ন্যাসী আছেন, যাঁরা প্রকৃত পথের সন্ধান দিতে পারেন।

তিনি বাড়ি থেকে বেরিয়ে পড়েছিলেন, দু লাইনের লেখা একটি পোস্টকার্ডে চিঠি দিয়ে।

উত্তর ভারতের সব কটি তীর্থ তিনি ঘুরলেন, সঙ্গে দু-জন বন্ধু ছিলেন। শুরু হল পরিব্রাজক সুভাষ চন্দ্রের হিমালয় যাত্রা। এ যেন স্বামী বিবেকানন্দের পদাঙ্ক অনুসরণ করেই পরিব্রাজক বেশে আর একজন ভারত পথিকের তীর্থ যাত্রা।

লছমনঝোলা, হৃষিকেশ, হরিদ্বার, গয়া, মথুরা, বৃন্দাবন অনেক তীর্থে ঘুরলেন। বৃন্দাবন হয়ে সুভাষচন্দ্রেরা এলেন বারাণসী তে।সেখানে রামকৃষ্ণ মঠ ও মিশনের দুটি শাখাকেন্দ্র পাশাপাশি অবস্থান করছে। রামকৃষ্ণ মঠ ও মিশনের প্রথম সভাপতি ছিলেন স্বামী ব্রহ্মানন্দ, যিনি

শ্রীরামকৃষ্ণের প্রিয় রাখাল নামে পরিচিত, যাঁকে স্বামী বিবেকানন্দ 'রাজা' বলে ডাকতেন।

সুভাষচন্দ্র লিখেছেন, "বারানসীতে--- স্বামী ব্রহ্মানন্দ আমাদের সাদর অভ্যর্থনা জানালেন, তিনি আমার বাবা ও পরিবারের অনেককেই চিনতেন। এখানে আমরা কয়েকদিন রইলাম।"

সেই সময়ে একদিন নিজের মনোগত বাসনা প্রকাশ করে সুভাষ, স্বামী ব্রহ্মানন্দের কাছে সন্ন্যাস প্রার্থনা করেন।

সুভাষের প্রার্থনা শুনে সিদ্ধসাধক স্বামী ব্রহ্মানন্দ সেই তরুণের তেজোদৃপ্ত মুখের দিকে কিছুক্ষন তাকিয়ে সম্ভবত অনাগত ভবিষ্যতের এক মহানায়কের আবির্ভাব লগ্নকে প্রত্যক্ষ করেছিলেন

এই ঘটনার অল্প দিন পরে, সুভাষচন্দ্রের দেশ সেবা তথা রাজনীতির প্রভাব দেখা যায়।

স্বামী ব্রহ্মানন্দের দর্শনে সুভাষচন্দ্র অপার শান্তি পেয়েছিলেন। তাঁর তৃষিত বুকে শান্তিবারিধারা নেমে এসেছিল।

তিনি বলেছিলেন, "কৃপা যে পায়, তার জীবন বদলে যায়ই।----- আমিও পেয়েছি এ কৃপার আভাস।"

বন্ধু দিলীপকুমার রায়ের দুহাত চেপে ধরে বললেন, "ঐ রাখাল মহারাজই আমাকে কাশী থেকে ফিরিয়ে পাঠান, বলেন, আমাকে দেশের কাজ করতে হবে।"

সন্ন্যাসজীবন নয়, অন্তরে বৈরাগী থেকে দেশের কাছে তাঁকে আত্মোৎসর্গ করতে হবে – এই ছিল সুভাষের প্রতি স্বামী ব্রহ্মানন্দের উপদেশ।

সুভাষচন্দ্রের অগ্রজ সুরেশচন্দ্র বসু স্বামী শঙ্করানন্দের মুখে শুনেছেন,

"একদিন বারাণসীর মিশন বাড়িতে স্বামী ব্রহ্মানন্দ যখন বসেছিলেন, তখন মহারাজ দেখতে পান একটি ছেলে এসে ঢুকলো। মহারাজ বললেন, জানকীবাবুর ছেলে মনে হচ্ছে। যদি তাই হয়, তবে ছেলেটির যেন যথাযথ দেখাশোনা করা হয়।

বিকেলবেলা মহারাজের কাছে তাকে নিয়ে যাওয়া হলে তিনি তাকে গৃহে ফিরে যাওয়ার উপদেশ দেন এবং বললেন, – তাকে তাঁদের মত সন্ন্যাস নিতে হবে না। দেশ তাঁর কাছে প্রভূত জিনিস প্রত্যাশা করছে।"

স্বামীজীর বাণী তাঁর অন্তরে অগ্নির স্ফুলিঙ্গের মত সঞ্চার করেছিল প্রেরণা আর উদ্দীপনা।

স্বামী ব্রহ্মানন্দের অধ্যাত্মশক্তির কৃপা মনকে দিল শক্তি, ধ্যানসজ্জাত স্থিরলক্ষ্যে অবিচলতা আর বৈরাগ্যের আদর্শ।

অন্তরে যেন অনুরণিত হলো, "কে তুমি বাজালে নবীন রাগেতে ভারতের প্রাণবীণা।"

স্বামী বিবেকানন্দেরই এক গুরুভাইয়ের নির্দেশে, সন্ন্যাস গ্রহণের সংকল্প ত্যাগ করে ঘরে ফিরে এলেন সুভাষচন্দ্র।

এ ও এক অদ্ভুত যোগাযোগ!!

"বিবেকানন্দের কথা বলতে গেলে হারিয়ে ফেলি নিজেকে। কে বুঝবে তাঁকে – কে বুঝেছে তাঁকে? অসম্ভব। সুগভীর তিনি, জটিল, ঋদ্ধময়।

ত্যাগে বেহিসেবী। কর্মে বিরামহীন। প্রেমে সীমাহীন, উজানে সমুদ্রনভীর, সমালোচনায় অগ্নি বর্ষী– আর সারল্যে শিশু- একেবারে শিশু- এ জগতে তাঁর তুল্য নেই, কেউ নয়---- আমি কে, যে বলব তাঁর কথা?" ----সুভাষচন্দ্র বসু।

"সুভাষচন্দ্রের দূর সম্পর্কীয় এক মামা এসেছেন জানকীনাথ বসুর বাড়িতে। উনি ইংরেজ পুলিশের অধীনে কাজ করেন। সবার সাথে দেখা কথাবার্তা হল, কিন্তু সুভাষ কোথায়! তিনি এলেন সুভাষচন্দ্রের পড়ার ঘরেতে - ঘরে ঢুকেই চমকে উঠলেন!

সুভাষ, এ কাদের ছবি টাঙিয়ে রেখেছিস?

কেন, চিনতে পারছেন না? তাহলে একটু কাছে গিয়ে দেখুন চিনতে পারবেন।

সর্বনাশ! এ যে অরবিন্দ ক্ষুদিরাম প্রফুল্ল চাকী কানাইলাল-- করেছিস কী? এদের ফটো কেউ টাঙিয়ে রাখে? এরা যে সবাই রাজদ্রোহী, খুন খারাপি করে, ফাঁসির আসামি। আবার এদিকে বিবেকানন্দের ফটো দেখছি-

মামার কথা শেষের আগেই ছাত্র সুভাষ বলে উঠলেন উনি তো সন্ন্যাসী।

সন্ন্যাসী!! উনিই আসল পান্ডা- বিপ্লবীদের রাজা- যাকে ধরি তারই পকেটে বিবেকানন্দ- কিন্তু এসব ভালো নয়, সব ফটো তুলে ফেলো।

সুভাষের ব্যবহারে মনে মনে চটে লাল পুলিশ-মামা চললেন জানকীনাথ বসুর ঘরেতে-

আপনার বাড়িতে রাজনীতি ঢুকেছে, শুধু রাজনীতি নয় একেবারে যাকে বলে রাজদ্রোহ।

জানকীনাথ বসু প্রথমটা কিছু বুঝতে না পেরে হতভম্ব হয়ে জিজ্ঞাসা করলেন,

কেন কি হয়েছে?

সুভাষ- নিজের পড়ার ঘরে যত্তসব রাজবিদ্রোহীদের ছবি টাঙিয়ে রেখেছে।

কিন্তু এসব ফটো ও পেল কোথায়? কেউ তো ওকে দেয়নি।

খবরের কাগজ থেকে কেটে পিচবোর্ডে আঠা দিয়ে আটকে টাঙিয়ে রেখেছে- গিয়ে দেখুন। সব শুনে জানকীনাথ বসু হেসে বলে উঠলেন - ছেলেমানুষ আর কাকে বলে,

- সে যাই হোক-- এইসব ছবিগুলো সরিয়ে ফেলা দরকার।

হ্যাঁ হ্যাঁ- অবশ্যই সরিয়ে দেওয়া হবে।

সন্ধ্যের আগে বাড়ি ফিরে নিজের ঘরে ঢুকেই ছাত্র সুভাষচন্দ্র অবাক হয়ে দেখলেন, দেওয়ালটা ছবি শূন্য। বুঝলেন- পুলিশ-মামার কথায় বাবা সব ছবি সরিয়ে দিয়েছেন। হঠাৎ দেখলেন স্বামী বিবেকানন্দের ছবিটা দেওয়ালে রয়ে গেছে, বাবা সেটা সরিয়ে নেন নি।

স্বামীজীর ফটোর সামনে গিয়ে দাঁড়ালেন সুভাষচন্দ্র.." যাক, তুমি আছো। তুমি থাকো। তুমি থাকলেই হল। তুমিই বিপ্লব-মহেশ্বর। আমি আর কিছু জানি না, আমি শুধু তোমাকে জানি। তুমি সন্ন্যাসী হয়েছো

শুধু নিজের মুক্তির জন্য নয়, দেশের মুক্তির জন্য, দেশের মানুষের মুক্তির জন্য। তুমি আমাকে শক্তি দাও, তুমি আমাকে আশীর্বাদ করো...।"

২০১

তথ্যসূত্রঃ বিবেকানন্দের আলোকে সুভাষচন্দ্র (শঙ্করীপ্রসাদ বসু)

নানা কথা

আমাদের কর্মযোগ অভ্যাস করিতে হইবে। অভ্যাস না করিয়া শুধু মাএ পাঠ করিলে বা জানিলে বা বক্তৃতা করিলে আমাদের কোন উন্নতি হইবে না। আধ্যাত্ম জীবনে অনেক সুন্দর সুন্দর অভ্যাস আছে যা মানুষকে শারীরিক ও মানসিক বিবিধ বিপদ থেকে বাঁচায়; শারীরিক ও মানসিক সুস্থিরতা প্রদান করে ও শান্তি দান করে, আমাদের জীবনকে উন্নত করতে সাহায্য করে, অপ্রাকৃত আনন্দ দেয়। কর্মযোগ এরূপ একটি অভ্যাস। অন্যান্য অভ্যাস সকল লেখকের 'দিব্য জীবন' নামক একটি গ্রন্থের মাধ্যমে প্রকাশ করিবার অভিলাষ আছে। যাহা হউক, কাহার জন্য কী কাজ করিব?   সে বিষয়ে আমাদের সুস্পষ্ট ধারণা থাকিতে হইবে।বাউল গোষ্ঠ গোপাল দাস লিখিয়াছেন –

'এমন মানুষ পেলাম না'রে

যে আমায় ব্যথা দিল না

নয়ন জলে বুক ভাসালাম

কেউ মুছে দিল না!

হায় রে! কেউ মুছে দিল না!

ও – মুখ দেখিয়া মনের ভাষা

কেউ তো বোঝে না রে

মাগো তুমি আছো কোথায়

আর কি পাবো ফিরে!

তোমার গর্ভে জনম নিয়া তোমায় চিনলাম না

এমন মানুষ পেলাম নারে

যে আমায় ব্যথা দিলো না।

বনলতা বোঝে যা-রে

মানুষ বোঝে না

হায় রে! মানুষ বোঝে না রে!'

এটি অসংখ্য অসহায় মানুষের ক্রন্দন- যা শিল্পীর মর্মস্পর্শী গানের মাধ্যমে প্রকাশ পেয়েছে। এইরূপ মানুষের সেবা করো। মুখ দেখিয়া মনের ব্যথা বুঝিবার চেষ্টা করো।

Philosophy তে একটা কথা আছে Face is the mirror of mind. তাহাদের কথা শুনিয়া বা তাহাদের পরিস্থিতির কথা চিন্তা করিয়া মনের ব্যথা বুঝিবার চেষ্টা করিতে হইবে। একদিনে বিরাট কিছু হইবে না একটু একটু করিয়া অভ্যাস করিতে হইবে। মন্দিরে,তীর্থস্থানে, রাস্তাঘাটে অনেক শারীরিকভাবে অসমর্থ, অসহায়, গৃহ-বস্ত্র-হীন, পর্যাপ্ত খাদ্য-বিহীন, রোগগ্রস্ত মানুষকে দেখতে পাওয়া

যায় তাহাদের অর্থ -বস্ত্র- খাদ্য দ্বারা ঈশ্বর বুদ্ধিতে সেবা করা অভ্যাস করিতে হইবে।

যার অনেক অর্থ আছে, নানা রকম খাইতে পায়, নানা রকম পোশাক পরিধান করিতে পারে, তাকে কি এক টাকা ভিক্ষা দিবে? না তাহার এক টাকা ভিক্ষার প্রয়োজন নাই। আমাদেরকে যার নেই তাহাকে দিতে হইবে,   যাহার কাছে এই এক টাকার মূল্য অনেক তাহাকে দিতে হইবে।বরং কিছু বেশী দেওয়া অভ্যাস করিতে হইবে।যেন তার কিছু কাজে লাগে। যার অর্থ নাই, বস্ত্র নাই, খাদ্য নাই, বিদ্যা নাই,ঔষধ নাই, যাহার যাহা নাই তাহাকে তাহা নিঃস্বার্থভাবে দেওয়াই তাকে ভালোবাসা।   বুদ্ধ,   শ্রীরামকৃষ্ণ   মুক্তির   পথ   দেখিয়ে   মানুষকে ভালবাসতেন।   ধর্ম দান করতেন, শান্তি দান করতেন, যে ঐশ্বরিক আনন্দ আমরা পাই না তাই আস্বাদন করিয়ে মানব জাতিকে ধন্য করিতেন। আমরা সর্বদা আমাদের থেকে নীচু কে ভালবাসিতে পারি তাই আমাদের নীচুর কাছে নীচু হতে হবে। নিজের মানসিক স্তর কে তার স্তরে নামিয়ে আনতে হবে, তারপর তার কি প্রয়োজন চিন্তা করিয়া একজন দক্ষ   চিকিৎসক এর ন্যায় তাহার ব্যবস্থা করিতে হইবে। নিজেকে ওই অবস্থায় চিন্তা করিতে হইবে তবেই তার দুখঃ কিঞ্চিৎ অনুধাবন করিতে পারিব। কবির নিম্নলিখিত কবিতাটি স্মরণ যোগ্য –

নীচুর কাছে নীচু হতে শিখলি না রে মন

শ্রী অতুলপ্রসাদ সেন

“নীচুর কাছে নীচু হতে শিখলি না রে মন,

তুই সুখি জনের করিস পূজা, দুঃখীর অযতন।

মূঢ় মন, সুখি জনের করিস পূজা, দুঃখীর অযতন।

নীচুর কাছে নীচু হতে শিখলি না রে মন।

লাগে নি যার পায়ে ধূলি, কি নিবি তার চরণ ধূলি,

নয়রে সোনায়, বনের কাঠেই হয় রে চন্দন।

মূঢ় মন, হয় রে চন্দন।

নীচুর কাছে নীচু হতে শিখলি না রে মন।

প্রেমধন মায়ের মতন, দুঃখীটুকুতেই অধিক যতন,

এ ধনেতে ধনি যে জন, সেই তো মহাজন।

মূঢ় মন, সেই তো মহাজন।

বৃথা তোর কৃচ্ছসাধন, সেবাই নরের শ্রেষ্ঠ সাধন,

মানবের পরম তীর্থ দীনের শ্রীচরণ।

মূঢ় মন, দীনের শ্রীচরণ।

মতামতের তর্কে মত্ত, আছিস ভুলে পরম সত্য,

সকল ঘরে সকল নরে আছেন নারায়ণ।

মূঢ় মন, আছেন নারায়ণ।

নীচুর কাছে নীচু হতে শিখলি না রে মন।”

জ্ঞানযোগ ও কর্মযোগ যুগপৎ ভাবে অভ্যাস করিতে হইবে। পৃথকভাবে এগুলি অভ্যাস করা যায় না। কর্মের সাথে 'আমি ঈশ্বরের প্রীতির জন্য এই কাজ করছি' এই ভাব থাকিলে সেটি জ্ঞানযোগে পরিণত হইল আবার সেটি প্রকৃত নিঃস্বার্থ কর্মযোগ অনুষ্ঠান। একদা শ্রীরামকৃষ্ণদেব তাঁর শিষ্য লাটু মহারাজ কে (নিজের দিকে অঙ্গুলি নির্দেশ করিয়া) বলিয়াছিলেন" যদি এর সেবা করিস তাহলে কিছু হবে না, যদি এর ভিতরে যিনি আছেন তাঁর সেবা করিস তাহলে ঠিক ঠিক হবে। যদি এই দেহের সেবা করিস তাহলে অহংকার হবে আর যদি এর ভিতরে যিনি আছেন তার সেবা করিস তাহলে মুক্তি হবে।" মনীষীগণের মধ্যে যাঁহারা কর্মযোগ এর উপর অত্যাধিক জোর দিয়াছিলেন তাঁদের মধ্যে কয়েকজন হইল স্বামী বিবেকানন্দ, গৌতম বুদ্ধ, মাদার টেরেজা, সুভাষচন্দ্র বোস, গান্ধীজী প্রভৃতি। এঁরা প্রত্যেকেই ব্যক্তিগত স্বার্থ যেমন উওম আহার্য গ্রহন, দামী গাড়ী, প্রাসাদোপম বিলাস বহুল বাড়ী,পদ, প্রতিষ্ঠা এ সমস্ত কথা ভুলিয়া অপরের ভালোর জন্য কাজ করিয়া নিজ জীবন যাপন করিয়াছেন। এঁদের নিঃস্বার্থ জীবন ও কর্ম যুগ যুগ ধরে মানব জাতিকে আলোর পথ দেখিয়ে চলেছে। আরো কত মনিষী, বিজ্ঞানী আছেন তাঁহাদের কত নাম লিখিব! তাঁরা কত নিঃস্বার্থ কাজ করিয়াছেন! তাঁহাদের জীবনী পড়িলে এটি সহজেই বোঝা যায়। তাঁদের নিঃস্বার্থতা বুঝিতে গেলে তাঁদের জীবনী পাঠ করিয়া নিজের জীবনের সহিত তুলনা করিতে হইবে। নিজেকে প্রশ্ন করিতে হইবে, আমরা কি ওঁর মতো কোনো ব্যাপারেই ত্যাগ স্বীকার করিয়া পরের উপকারের জন্য কাজ করিতেছি? তাহলে আমরা সহজেই তাঁদের মহত্ব উপলব্ধি করিতে পারিব। আমাকে একজন বলিয়াছিলেন যিনি সাইকেল আবিষ্কার করিয়াছেন তিনিও একজন বড় সমাজসেবক। কতজন সাইকেল নির্মাণ, সাইকেল সারাই করে জীবিকা

নির্বাহ ও সংসার প্রতি পালন করিতেছেন। এগুলো তার দ্বারা সমাজসেবা নয় কি? কথাটি অতীব সত্য কথা। আমি একদা রামকৃষ্ণ মিশনের একজন সন্ন্যাসী স্বামী ভূদেবানন্দ মহারাজ (নরেন্দ্রপুর রামকৃষ্ণ মিশন মহাবিদ্যালয়ের প্রিন্সিপাল) কে দুটি প্রশ্ন জিজ্ঞাসা করিয়াছিলাম। ১. মহারাজ জী অপরের জন্য কি কি কাজ নিঃস্বার্থভাবে করা যাইতে পারে? ২. অপরের জন্য কাজ করিতে হইলে শুধুমাত্র কি পয়সা দিয়ে উপকার করিতে হইবে? এই দুটি প্রশ্নের উওরে অতি সুন্দরভাবে তিনি বলেছিলেন, " নিজেকে ঠিক করিতে হইবে কোন্ ব্যাপারে আমি অপরকে সাহায্য করিতে পারিব এবং সব সময় যে পয়সা দিয়ে উপকার করিতে হইবে এমন নয়। যেমন একজন ছাত্র সে কোথায় পয়সা পাইবে? কিন্তু সে অপর একজন অন্ধ ছাত্রকে বই পড়ে শুনাইতেছে এটিও একটি নিষ্কাম কর্ম। কলেজ যাওয়ার সময় পথের ধারে বসবাসরতা একজন বৃদ্ধাকে কেহ হয়ত তাঁর হাট বাজারটি কিনে দিয়ে চলে গেল। এটিও নিঃস্বার্থ কর্ম। সুতরাং আমাদেরকে নিজেকে স্থির করিতে হইবে কোন্ ব্যাপারে আমি অপরকে সাহায্য করিতে পারি এবং সেই মতো কাজ করিতে হইবে।"

সংগীত শিল্পী ভূপেন হাজারিকা যথার্থই বলিয়াছেন---

'মানুষ মানুষের জন্যে

জীবন জীবনের জন্যে

একটু সহানুভূতি কি-

মানুষ পেতে পারে না।'

কর্মযোগে সফলতা লাভের উপায়

শ্রীরামকৃষ্ণদেব বলিয়াছেন 'কর্মযোগ খুব কঠিন'। এই পুস্তকটি পাঠ করিলে ও অনুধাবন করিলে এই কথাটির সত্যতা উপলব্ধি হইবে। তিনি বলিয়াছেন অশ্বথ গাছকে কেটে দিলেও কিছুদিন পর আবার ডালপালা বের হয়। ঠিক সেই রকম নিষ্কাম কর্ম করলেও হঠাৎ কর্মের বিনিময়ে কোন একটা কামনা বা প্রাপ্তির ইচ্ছা মনে আসে। তাই কর্ম যোগ কঠিন। এখন উপায়? কথায় আছে "আপনি আচরি ধর্ম অপরে শিখাও।" মহাপুরুষগণ এই নীতি অনুসরণ করেন। মহাপুরুষগণের আচরণই আমাদের কাছে পথ।

সক্তাঃ কর্মণ্যবিদ্বাংসে যথা কুর্বন্তি ভারত।

কুর্যাদ্বিদ্বাংস্তথাসক্তশ্চিকীর্ষু লোকসংগ্রহম্ ॥২৫/ ৩ অ

- হে ভারত, অজ্ঞানিগণ আসক্ত হইয়া যেরূপ কর্ম করেন, জ্ঞানিগণ অনাসক্ত হইয়া লোকশিক্ষার জন্য সেইরূপ কর্ম করিবেন।

তাঁহারা এভাবে কর্ম করিয়াও থাকেন। সংস্কৃতে একটি কথা আছে" মহাজনো যেনঃ গতঃ সঃ পন্থাঃ।" মহাজন ব্যক্তি যে পথ অনুসরণ করেন সেই পথই অনুসরণযোগ্য। একজন অনাসক্ত

কর্মীজীবনই কর্মযোগীর আদর্শ।এরূপ জীবন ধারা সম্বন্ধে শ্রী অরবিন্দ বলিয়াছেন All life is yoga. এ প্রসঙ্গে সাধক প্রবর শ্রীরামপ্রসাদ তাঁহার রচিত মহাসংগীতের মাধ্যমে একটি সাধনা নির্দেশ করিয়াছেন। সেই জীবন সংগীত টি হল-

"শয়নে প্রণাম জ্ঞান,

নিদ্রায় কর মাকে ধ্যান

ওরে আহার কর, মনে কর,

আহুতি দেই শ্যামা মা'রে ।

যত শুন কর্ণপুটে,

সকলি মার মন্ত্র বটে

ওরে মা যে পঞ্চাশ-বর্ণময়ী বর্ণে বর্ণে নাম ধরে ॥

কৌতুকে রামপ্রসাদ রটে,

মা বিরাজে সর্ব্বঘটে

ওরে নগর ফের, মনে কর প্রদক্ষিণ শ্যামা মা'রে ।"

সমগ্র জীবন আধ্যাত্মিক ভাবে পূর্ণ করা যেতে পারে। আপনার আহার, বিহার, শয়ন, স্বপন সব কিছুই ঈশ্বরের প্রীতির জন্য এবং তাঁরই ইচ্ছায় ভাবতে হবে। তাহলে সমগ্র জীবনই আধ্যাত্মিক সাধনায় রূপান্তরিত হবে।

তুমি যখন পড়াশোনা করিতেছ, ভাবিতে হইবে, তুমি তাঁর ইচ্ছাতেই পড়াশোনা এর সুযোগ পাইয়াছ। ইচ্ছা থাকিলেও পড়াশোনা

করার সুযোগ অনেকেই   পায় না অথবা কেহ হয়তো বা জড়বুদ্ধি সম্পন্ন তাই পড়িতে পারে না, হয়ত বা অন্ধ।   পড়াশোনা করিবার জন্য যে অর্থের প্রয়োজন হয়ত তাহার নাই। সুতরাং তুমি যে পড়িতে পারিতেছ তার জন্য ঈশ্বর কে ধন্যবাদ দাও। আবার পড়াশোনা করিয়া ঈশ্বরের বিভিন্ন রূপের (মানুষ, জীবজন্তু, গাছপালা) জন্য যেন কিছু কাজ করিতে পারো সেদিকেও লক্ষ রাখিতে হইবে। অপরের সেবাই যেনো পড়াশোনার উদ্দেশ্য হয়।   এই ভাবে জীবন কে পরিবর্তন করে সম্পূর্ণ রূপে আধাত্মিক করে তোলা যাইতে পারে। নিষ্কাম কর্মযোগীর জীবন লাভ করা যেতে পারে। সংস্কৃতে একটি কথা আছে "যাদৃশী ভাবনা যস্য সিদ্ধির্ভবতি তাদৃশী।"অর্থাৎ 'যার যেমন ভাব তার তেমন লাভ।' শুধুমাত্র ভাবনার পরিবর্তন দ্বারা নিজের সাধারন একটি জীবনকে একজন কর্মযেগীর জীবনে পরিনত করা যাইতে পারে। নিজের ক্ষুদ্র জীবন একটি মহৎ আধ্যাত্মিক জীবনে পরিণত হইবে।

ঈশ্বরের সাথে সর্বদা যুক্ত থাকিয়া কাজ করিলে সহজেই সে কাজ কর্মযোগে পরিণত হইবে।ঈশ্বর বিশ্বাসীর কাছে একাজ অধিকতর সহজ হইবে। ঈশ্বরের সাথে সর্বদা যুক্ত থাকিবার উপায় কি? এ প্রসঙ্গে রামকৃষ্ঞ মিশনের একজন সন্ন্যাসী স্বামী হরিময়ানন্দীজী মহারাজ আমাকে একটি মূল্যবান উপদেশ প্রদান করিয়াছিলেন, সেটি এখানে উদ্ধৃত করছি।

যা করবে - যা ভাববে

জন্ম ও মৃতু্যর মতই আমাদের নিত্য নিদ্রা ও জাগরণ। নিদ্রায় এই সৃষ্টি সব যেন কোথায় হারিয়ে যায়। আবার জেগে উঠলে সব প্রকাশিত হয়। এই নিদ্রা ও জাগরণ আমাদের ইচ্ছায় হয় না। ভগবান আমাদের

মধ্যে থেকে এই সৃষ্টি ও প্রলয় করে চলেছেন। একে বলে নিত্য প্রলয়, নিত্য সৃষ্টি।

১

যা করবে

ঘুম থেকে জেগে উঠবে

যা ভাববে

হে ভগবান, এই দেহমন্দিরে থেকে তুমি প্রতিদিন সৃষ্টি ও প্রলয় করছ। এতক্ষণ তুমি আমার মধ্যে অব্যক্তরূপে ছিলে এখন প্রকাশিত হয়ে সারাদিন সব কাজ করবে। সারা দিন সব কাজের মধ্যে তোমায় যেন মনে রাখি।

২

যা করবে

প্রাতঃকৃত্য (দাঁত মাজা ইত্যাদি)

যা ভাববে

হে ভগবান, এই দেহ তোমার মন্দির। মন্দিরকে পরিষ্কার পরিচ্ছন্ন করছি।

৩

যা করবে

যখন কিছু খাবে বা পান করবে

যা ভাববে

হে ভগবান, তুমি জঠরে অগ্নিরূপে রয়েছ। তোমাকে নিবেদন করে খাচ্ছি। খাদ্যের সারভাগ থেকে রক্ত হয়। এতে যেন আমার ভক্তি হয়।

৪

যা করবে

পথে যাবে বা গাড়িতে বসে থাকবে

যা ভাববে

কাজের জন্য হেঁটে যেতে বা গাড়িতে বসে ঈশ্বরের নাম স্মরণ মনন করবে বা অন্তরে ঈশ্বর আছেন তার সঙ্গে কথা বলতে বলতেও যেতে পারো।

৫

যা করবে

সারাদিন বিভিন্ন কাজ করবে

যা ভাববে

সমস্ত কাজ ভগবানের কাজ। মন্দিরে যেমন ফুল চন্দনে তাঁর পুজো হয়। কাজ রূপ ফুলে তাঁর পুজো করছি। তাঁর নাম স্মরণ করে শুরু করবে। কাজের মাঝে চিন্তা করবে ও শেষে ফলাফল নিবেদন করবে।

৬

যা করবে

সাধ্যমত দান সেবা করবে

যা ভাববে

ভগবান এইরূপে দুঃখী দরিদ্র বেশে আমার সেবা স্বীকার করে আমায় কৃতার্থ করেছেন।

৭

যা করবে

দেহ মন্দির অমলিন রাখবে

যা ভাববে

২১৫

ধুলো বালি, খুঁয়ো থেকে মন্দির রক্ষা করতে হলে দরজা জানালা বন্ধ করতে হয়। না হলে দেবতার অস্বস্তি বোধ হয়। দেহ মন্দিরের দরজা জানালা হল চোখ, কান প্রভৃতি ইন্দ্রিয়। কোন দৃশ, শব্দ, বাক্য আলোচনা করব না যাতে হৃদয় দেবতার কোন অসুবিধা হয়। মনে রাখব, এতে যেন নিজেকে অহংকারী না করে ফেলি।

৮

যা করবে

সারাদিনের শেষে রাতে ঘুমিয়ে পড়বে

যা ভাববে

সারাদিন কত লোকের কাছাকাছি আসতে হয়েছে। কত অপমান, লাঞ্ছনা, গঞ্জনা সহ্য করতে হয়েছে। এখন সারাদিনের ভাল মন্দ সফলতা বিফলতা সবতোমার পায়ে দিচ্ছি। তুমি গ্রহণ কর ঠাকুর। তোমার শ্রীচরণে মাথা রেখে আমি ঘুমিয়ে পড়ব। একটু পরে সব প্রলয় হয়ে যাবে। সব কিছু হারিয়ে গেলেও তুমি নিত্য শাশ্বত সদা বিদ্যমান থাকবে। তোমার চরণে শরণাগত প্রভু।

লেখকের বক্তব্য

একদিন একজন ব্যক্তি বিদ্যাসাগর মহাশয়কে বলল--' অমুক আপনার পিছনে খুব লেগেছে।সারাক্ষণ নিন্দামন্দ করছে।' বিদ্যাসাগর তাঁকে বললেন, ' অমুকের তো আমার বিরুদ্ধে লাগার কথা নয় । আমি তো তাঁর কোনো উপকার করেছি বলে মনে করতে পারছি না।' কথাটির তাৎপর্য এই যে, বিদ্যাসাগর মহাশয় যেন বিস্ময়ের সাথে বলছেন --- আমি যার কোনো উপকার করিনি সে কেন আমার বিরুদ্ধে! বড়ই আশ্চর্য কথা!অর্থাৎ এই কথোপকথন থেকে এটি পরিষ্কার বোঝা যায় যে মনুষ্য চরিত্রে এই বৈশিষ্ট্যটি আছে। উপকার করলে অস্বীকার করা, এমন কী উপকারকারীর অন্যায় সমালোচনা ও ক্ষতিসাধনও করা। তবে সকল ব্যক্তির ক্ষেত্রে এটি সত্য নয়। যদিও কর্মযোগী ফলাফলকে গ্রাহ্য করেন না, তথাপি উপকার করলে, সাহায্য করলে , অপরের দ্বারা ইচ্ছাকৃতভাবে যদি নিজেকে ক্ষতি স্বীকার করতে হয়, তাহলে তো মুশকিল ব্যাপার!এই কারণে সমাজে অনেক মানুষ উপকার পরাঙ্মুখ ও স্বার্থপর হয়ে ওঠে। কিন্তু আমাদের এই সমস্যার সমাধান করতে হবে।লেখিকা কামিনী রায় তাঁর একটি অনবদ্য কবিতার

মাধ্যমে আমাদের অপরের জন্য কর্ম বিমুখতার একটি প্রধান কারণকে সুন্দরভাবে তুলে ধরেছেন। কবিতাটি নিচে তুলে ধরা হল।

পাছে লোকে কিছু বলে

কামিনী রায়

করিতে পারি না কাজ

সদা ভয় সদা লাজ

সংশয়ে সংকল্প সদা টলে—

পাছে লোকে কিছু বলে।

আড়ালে আড়ালে থাকি

নীরবে আপনা ঢাকি,

সম্মুখে চরণ নাহি চলে

পাছে লোকে কিছু বলে।

হৃদয়ে বুদবুদ কত

উঠে চিন্তা শুভ্র কত,

মিশে যায় হৃদয়ের তলে,

পাছে লোকে কিছু বলে।

কাঁদে ঘ্রাণ যবে আঁখি

সমতলে শুকায়ে রাখি;

নিরমল নয়নের জলে,

পাছে লোকে কিছু বলে।

একটি স্নেহের কথা

প্রশমিতে পারে ব্যথা—

চলে যাই উপেক্ষার ছলে,

পাছে লোকে কিছু বলে।

মহৎ উদ্দেশ্য যবে,

এক সাথে মিলে সবে,

পারি না মিলিতে সেই দলে,

পাছে লোকে কিছু বলে।

বিধাতা দেছেন প্রাণ

থাকি সদা ম্রিয়মান;

শক্তি মরে ভীতির কালে

পাছে লোকে কিছু বলে।

প্রতিটি ভাল কাজেরও সমালোচনা করা যেতে পারে। আধ গ্লাস জল কোনো তৃষ্ণার্ত ব্যক্তিকে দিলে বলা যেতে পারে পূর্ণ গ্লাস জল কেন দেওয়া হল না। আধ গ্লাস জলে তৃষ্ণার্ত ব্যক্তির একটু হলেও তৃষ্ণা নিবারিত হল --সেটা কেউ বলবে না। যদিও তৃষ্ণার্ত ব্যক্তি হয়ত ওই আধ গ্লাস জলেই উপকৃত। কেউ হয়তো বলতে পারে তৃষ্ণার্ত ব্যক্তিকে আধ গ্লাস বাতাস (Air) দেওয়া হয়েছে। যেহেতু আধ গ্লাস জলে গ্লাসের অর্ধেক অংশ বায়ুপূর্ণ ছিল। যাইহোক আমাদের কোন দিকে ভ্রুক্ষেপ না করে মহৎ উদ্দেশ্যের কথা চিন্তা করে কাজ করে যেতে হবে। স্বামীজি বলেছেন --

“একেবারে ফলকামনাশূন্য হয়ে কাজ করে যেতে হবে। ভাল-মন্দ-লোকে দুই তো বলবেই, কিন্তু ideal (উচ্চাদর্শ) সামনে রেখে আমাদের সিংহির মত কাজ করে যেতে হবে; তাতে 'নিন্দন্তু নীতিনিপুণাঃ যদি বা স্তুবন্তু' (পণ্ডিত ব্যক্তিরা নিন্দা বা স্তুতি যাহাই করুক)।”

মহান মানুষেরা বীর হন। তাঁরা তাঁদের মহৎ কাজের মন্দ সমালোচনায় বিন্দুমাত্র বিচলিত হন না। আমাদের যদি অপরের সমালোচনা সহ্য করার ক্ষমতা না থাকে তাহলে গোপনে কাজ করা উচিত। বিভিন্ন জনের সাথে মিশে প্রত্যক্ষভাবে তাদের উপকার না করে পরোক্ষভাবে গোটা মানবজাতির উপকারে মন দেওয়া উচিত। আগের প্রবন্ধে বলেছি যিনি সাইকেল আবিষ্কার করেছেন তিনি একজন বড় সমাজ সেবক। আমরা ওষুধ আবিষ্কারকের নাম জানি না, তাঁর ক্ষতি করা তো দূরের কথা, ঔষধে আমরা প্রতিনিয়ত উপকৃত হই। বিভিন্নভাবে লোকের উপকার করতে হবে। আবার বলছি কোন্ কাজের দ্বারা অপরের উপকার করবে তা নিজেকেই ঠিক করতে হবে।

অপরের জন্য কাজ করবার জন্য প্রয়োজন শারীরিক ও মানসিক শক্তি ও সামর্থ্য। এই শক্তি ও সামর্থ্যের জন্য নিজেকে চেষ্টা করতে হবে ও ঈশ্বরের কাছে কাতর প্রার্থনা করতে হবে। এটিই আলোচিত সমস্যার সমাধান।

পূজা কী? সুভাষিত রত্নকোষে পূজার একটি সুন্দর সংজ্ঞা দেওয়া হয়েছে। শ্লোকটি এখানে উল্লেখ করছি।

যেন কেন প্রকারেন যস্য অপি দেহিনঃ।

সন্তোষং জনয়েদ্ প্রাজ্ঞ তদেব ঈশ্বর পূজনম।।

সুভাষিত রত্নকোষ

অর্থাৎ যেকোনো প্রকারে যেকোনো দেহধারীর মনে সন্তোষ উৎপাদন করাই প্রকৃতপক্ষে ঈশ্বরের পূজা।

স্বামীজি ২৪ বছর বয়সে সন্ন্যাসী হয়েছিলেন। তিনি বলেছেন, সন্ন্যাস অর্থ সংক্ষেপে মৃত্যুকে ভালোবাসা। আত্মহত্যা নয় বরং মরণ অবশ্যম্ভাবী জেনে নিজেকে তিলে তিলে অপরের মঙ্গলের জন্য উৎসর্গ করা। তিনি আরো বলেছেন প্রকৃত সন্ন্যাসীর হৃদয় মানুষের হৃদয় অপেক্ষা আরো কোমল হওয়া উচিত। যে সন্ন্যাস পাষাণ করতে উপদেশ দেয় আমি সে সন্ন্যাস গ্রাহ্য করি না।

আমার মনে হয় কেমন ভাবে অপরের জন্য কাজ করব সে বিষয়ে নিজের ডায়েরিতে বিভিন্ন কর্মপদ্ধতি তৈরি করতে হবে। এগুলি অনুসরণের মাধ্যমে অপরের জন্য কাজ করতে হবে।এগুলি বিভিন্ন ব্যক্তির ক্ষেত্রে বিভিন্ন হবে।কিছু কাজ অবশ্যই একই হতে পারে। কয়েকটি উদাহরণ নিম্নে দেওয়া হল।

ACTIVITY --1

1.রাস্তা ঘাটে কোথাও দুস্থঃ, অসহায়, অন্ধ, খঞ্জ সাহায্য প্রার্থী কে একদিন অন্তত একটু বেশি পরিমানে অর্থ দান করো।

নিজেকে ঠিক করে নিতে হবে, বেশি পরিমান বলতে নিজের সামর্থের মধ্যে কত পরিমানে তুমি দান করবে।এটি আপেক্ষিক।কারোর কাছে হয়ত ৫০ টাকা বা ৫০০ টাকা সামান্য। কারোর কাছে দশ টাকাটাই অনেক বেশি।মনুসংহিতাকার নিজের উপার্জনের ১০% অবশ্য দান করতে বলেছেন।

2. যাকে দান দিচ্ছ, তাকে মনে মনে তাকে প্রনাম করো। মনে মনে তাকে বলো- হে ঈশ্বর, হে শিব, হে কৃষ্ণ (যাঁকে তুমি ভালোবাসো তাঁর রূপ চিন্তা করেই বলবে) তুমিই এই রূপে এসে ভিক্ষা চাহিতেছ। আবার তুমিই আমার Income এর ব্যবস্থা করিয়াছ। তুমি আমার পূজা গ্রহন করো।

3. অন্যান্য দিন, যে কেহ ভিক্ষা চাহিলে অল্প স্বল্প কিছু দাও। একজন যদি বৃদ্ধ বা বৃদ্ধা হন তাঁকে বশি দাও। অল্প বয়স, শক্ত সমর্থ, তাকে কম দাও।প্রতিদিন চাহিলে তাকে কম দাও। অনেক দিন পর একবার বেশি দাও।একজনের অসামর্থ্যতার পরিমান বেশি হলে তাঁকে বেশি দান দাও।

ACTIVITY --2

1. উৎসব অনুষ্ঠানের আগে বা শীতকালের আগে এরূপ দুস্থঃ ব্যক্তি কোথায় আছে খোঁজ করো তারপর তাকে সাহায্য করো।

"

2. শীতকালে এঁদের জামা কাপড়, কম্বল দান করো।তবে সাবধান ঈশ্বর জ্ঞানে সেবা করতে হবে।

3. উৎসব অনুষ্ঠানে (দুর্গাপূজা ইত্যাদি)- প্রতিদিনের ন্যায় যাঁদের খাদ্যে টানাটানি, পোশাক-পরিচ্ছদে টানাটানির মধ্য দিয়ে চলে, নোংরা পোশাক, ঘরের চাল ফুটো,জল পড়ে এরূপ ব্যক্তিকে সাহায্য করো কিন্তু গোপনে ।

4. সর্বদাই চেষ্টা করতে হবে যাদের সাথে তোমার দেখা-সাক্ষাৎ কম হয়, চেনও না, ভবিষ্যতে কোনদিন দেখা হইবার সম্ভাবনা নাই এরূপ ব্যক্তিদের সাহায্য করা।এটি করিলে নিষ্কাম ভাবে কর্মানুষ্ঠান করিতে পারিবে তাছাড়া চেনা ব্যক্তি, প্রতিদিন দেখা হয়, এরূপ ক্ষেত্রএ কোথা হতে তার কাছে থেকে প্রতিদান প্রাপ্তির ইচ্ছা হইবার সম্ভাবনা থাকিবে।

5. সাহায্য কর ও ভুলে যাও ।এটি করিতে পারিলে নিষ্কাম কার্য করা হইবে। এর জন্য অপরিচিত অসহায় ব্যক্তিদের সাহায্য করাই উৎকৃষ্ট পন্থা ।

তাই বলে চেনা ব্যক্তিদের সাহায্য করিবে না, এমন নয়, তাদেরও সাহায্য করিবে কিন্তু সেখানে প্রতিদান ইচ্ছা হইতে পারে। তবে আমি বলিব তাহা হইলেও তাহা করা উচিত। পারস্পরিক সাহায্যের মাধ্যমে অনেকের সাথে মৈত্রী সম্পর্ক বজায় থাকবে।প্রত্যেকেই বিপদকালে বা খুব প্রয়োজনে একে অপরের সাহায্য পাবে।ক্রমে সমস্ত কর্মই কামনাশূন্য ভাবে করা অভ্যাস হইয়া যাইবে।

কর্মে আনন্দ প্রাপ্তি না হইলে কর্মে উৎসাহ পাওয়া যাইবে না।সকাম কর্মে সফল হলে যেমন আনন্দ পাওয়া যায়, নিষ্কাম কর্মেও আনন্দ পাওয়া যায়।

ACTIVITY—3

1. Write "Donation to Ramkrishna Mission Belur math." on google.

2. Keep with you, Adhar card & pan card.

3. Choose in which case you want to donate.

4. Donate.

5. Or simply scan QR-Code & Donate.

SHARADA FOUNDATION.

ACTIVITY—4

1. Donate to Prime Minister's National Relif Fund (PMNRF).

2. Scan QR-Code and Donate.

PMNRF Collection Account

ACTIVITY—5

1.রোগ দ্বারা আক্রান্ত,চিকিৎসার জন্য যে অর্থের প্রয়োজন তা তার নেই ,গরীব, অসহায় এরূপ ব্যক্তিকে সাহায্য করো।

2. চিকিৎসার কাজ করে এমন কোনো NGO বা প্রতিষ্ঠানকে অর্থসাহায্য দিতে পারো।সেই অর্থ থেকে কারোর চিকিৎসা হবে।এইরূপে পরোক্ষভাবে তাঁর সেব করাও হয়ে যাবে।দান একটি মহৎ জিনিষ সারদা মা বলেছেন 'যার নেই জপো, যার আছে মাপো।'

3. এরূপ একটি দাতব্য চিকিৎসা প্রতিষ্ঠান হল Sri Satya Sai Institute of Higher Medical Science, whitefield,

Bengaluru, Karnataka, India.অসংখ্য ব্যক্তির দান করা অর্থ দ্বারা অসংখ্য রোগীর চিকিৎসা এখানে করা হয়। মনেকরিলে এখানে তুমিও দান করিতে পারো।এই প্রতিষ্ঠানের QR-Code টি এখানে দেওয়া হল।

SRI SATYA SAI CENTRAL TRUST

ACTIVITY—6

Love Pyramid

(12) spirituality

(10) security (11) freedom

(8) education (9) morality

(7) income

(6) medicine and treatment

(1) অন্ন (2) বস্ত্র (3) বাসস্থান (4) পানীয় (5) Air (6) Sleep

'Fulfillment of lack of these' is love.---Author.

'সেবা করিতে হইলে বিদ্যালাভ করিতে হইবে। একজন heart এর ডাক্তার কিভাবে সেবা করিতেন যদি তিনি ওই বিষয়ে বিদ্যালাভ না করিতেন? শুধুমাত্র বিদ্যালাভ করিলেই হইবে না। চাই – ধর্মলাভ। ধর্ম কী? মনের উচ্চতম অবস্থার ধর্ম হইতেছে এই – নিঃস্বার্থপরতা এবং সহানুভূতি।' - লেখক

"বসন্তের কোকিল হইয়া যাইয়ো না – কোকিলকে যেমন বসন্তকালেই দেখতে পাওয়া যায়, তেমনি শুধু সুখের সময়ই লোকের কাছে যাইয়ো না – দুঃখের সময় লোকের কাছে থাকো। তাঁর দুঃখ লাঘবের জন্য সামান্য কিছু হলেও করো (ঈশ্বরের সেবা মনে করে) মনে প্রত্যাশার কোন ভাব রাখিও না। আর ঈশ্বরের কাছে প্রার্থনা করো তাঁর দুঃখ লাঘবের জন্য।" – গ্রন্থকার।

যাইহোক বিশ্বকবি রবীন্দ্রনাথ ঠাকুরের দুটি গান শুনিয়ে শেষ করব।

তোমার আসন শূন্য আজি, হে বীর পূর্ণ করো,

ঐ যে দেখি বসুন্ধরা কাঁপল থরোথরো ।

বাজল তূর্য আকাশপথে— সূর্য আসেন অগ্নিরথে আকাশপথে,

এই প্রভাতে দখিন হাতে বিজয়খড়্গ ধরো।

ধর্ম তোমার সহায়, তোমার সহায় বিশ্ববাণী ।

অমর বীর্য সহায় তোমার, সহায় বজ্রপাণি।

দুর্গম পথ সগৌরবে তোমার চরণচিহ্ন লবে সগৌরবে—

চিত্তে অভয় বর্ম, তোমার বক্ষে তাহাই পরো ॥

ওরে, নূতন যুগের ভোরে

দিস নে সময় কাটিয়ে বৃথা সময় বিচার করে।।

কী রবে আর কী রবে না, কী হবে আর কী হবে না

ওরে হিসাবি,

সংশয়ের মাঝে কি তোর ভাবনা মিশাবি?

যেমন করে ঝর্না নামে দুর্গম পর্বতে

নির্ভাবনায় ঝাঁপ দিয়ে পড় অজানিতের পথে।

জাগবে ততই শক্তি যতই হানবে

অজানাকে বশ ক'রে তুই করবি আপন জানা।

চলায় চলায় বাজবে জয়ের ভেরী –

পায়ের বেগেই পথ কেটে যায়

করিস নে আর দেরী।।

ওঁ শ্রীরামকৃষ্ণার্পণমস্তু

সমাপ্ত